L'Homme Terrestre

EMMANUEL DARCEY

L'Homme Terrestre

Au milieu de ce courant d'empirisme qui
nous entraîne, il y a pour l'esprit le plus
rebelle aux recherches spéculatives, le
plus âpre à la curée des biens de ce
monde, il y a des moments de crise, des
heures de mécompte et de dégoût, où
apparaissent tout à coup ces étranges
problèmes : Que suis-je ? Où vais-je ? et
comment cela finira-t-il ?

E. SAISSET.

PARIS

LIBRAIRIE DES SCIENCES PSYCHOLOGIQUES

42, RUE SAINT-JACQUES, 42

1904

EMMANUEL DARCEY

L'Homme Terrestre

> Au milieu de ce courant d'empirisme qui nous entraîne, il y a pour l'esprit le plus rebelle aux recherches spéculatives, le plus âpre à la curée des biens de ce monde, il y a des moments de crise, des heures de mécompte et de dégoût, où apparaissent tout à coup ces étranges problèmes : Que suis-je ? Où vais-je ? et comment cela finira-t-il ?
>
> E. SAISSET.

PARIS.

LIBRAIRIE des SCIENCES PSYCHOLOGIQUES

42, RUE SAINT-JACQUES, 42

1904

8R
19367

L'Homme
Terrestre

Ce livre s'adresse à ceux qui souffrent moralement ou physiquement, à ceux qui trouvent la vie mauvaise et le sort injuste, à ceux qui sont atteints de lassitude morale.

Il n'est que la reproduction de choses qui ont été dites (1) et auxquelles l'auteur a ajouté ses remarques personnelles, fruit de vingt années de recherches, d'études et de méditations.

Il n'est que l'écho de ces paroles, de ces écrits qui ont été jetés à travers les foules par des âmes d'élite, des cœurs d'apôtres, des hommes sans or et sans ambition qui, tourmentés d'une autre vie, en ont pénétré le mystère.

1. Voir notamment : *Les Œuvres d'Allan Kardec.*
   Après la mort (Léon Denis).
   La pluralité des mondes habités (C. Flammarion).
   Analyse des choses (Paul Gibier).
   Les grands mystères (Eugène Nus).
   Philosophie médicale (Chauvel).

C'est le résumé d'une doctrine fondée sur les aspirations du cœur et de la raison et sur des principes certains, qui met devant nos yeux le tableau exact de notre infirmité en même temps qu'elle nous montre notre véritable grandeur.

Puisse ce petit livre sécher des larmes, apaiser quelque désespoir, améliorer une âme.

E. D.

L'HOMME TERRESTRE

C'est un prolongement sublime que la tombe,
On y monte étonné d'avoir cru qu'on y tombe.
Comme dans plus d'azur l'hirondelle émigrant,
On entre plus heureux dans un devoir plus grand ;
On voit l'utile avec le juste parallèle ;
Et l'on a de moins l'ombre et l'on a de plus l'aile.
Ce n'est pas pour dormir qu'on meurt, non; c'est pour faire
De plus haut ce que fait en bas notre humble sphère ;
C'est pour le faire mieux, c'est pour le faire bien.
Nous n'avons que le but, le Ciel a le moyen.
La mort est un passage où pour grandir tout change ;
Qui fût sur terre athlète est dans l'abîme archange ;
Sur terre on est borné, sur terre on est banni,
Mais là-haut nous croissons sans gêner l'infini ;
L'âme y peut déployer sa subite envergure ;
C'est en perdant son corps qu'on reprend sa figure.

VICTOR HUGO.

L'Homme Terrestre

Naître, mourir, renaître et progresser
sans cesse, telle est la Loi.

ALLAN KARDEC.

Mêlé avec quinze cents millions d'autres
sur une infime planète confondue elle-même
dans l'espace sans bornes avec des myriades
d'autres mondes, chaque homme, ici-bas,
pèse un peu moins que le plus petit des
grains de sable perdus au fond des mers.

Aussi, de là-haut, est-ce un curieux spectacle que cette petite fourmilière de larves
humaines à peine sorties de l'animalité,
encore au bas de l'échelle des êtres, allant,
venant, se heurtant, empressées, . agitées,
suant sang et eau pour acquérir des biens
imaginaires, des titres bizarres, des fonctions étranges ; multitude d'êtres inachevés,
marchant dans la nuit courbés vers la
matière, conduits par quelques-uns allant
eux-mêmes à tâtons dans le monde moral,
aveugles conducteurs d'aveugles, n'ayant
pour voir que l'œil terrestre, mais s'attri-

buant néanmoins l'autorité, la sagesse et pensant jouer, dans ce monde singulier, un rôle considérable.

∴

Ombres qui passent, penchent et tombent, ne sachant d'où ils viennent, où ils vont, ignorant tout: principe, cause, effet; la réalité, non accessible à leur sens, leur échappant entièrement, ces hommes terrestres sont incapables de comprendre l'Univers.

Entièrement dominés par des appétits matériels déguisés sous les formes les plus diverses et auxquels ils consacrent toute leur existence, vivant pour des choses viles ou des choses vaines, se ruant aux plaisirs, tâchant d'oublier la fin, l'écueil, usant leurs jours à se remplir d'orgueil, croyant avoir accompli leur destinée quand ils ont fait fortune, n'attendant rien d'en haut et oubliant les morts, la plupart d'entre eux ne songent même pas à pénétrer les lois de la création.

Ne connaissant que ce petit coin de la nature qu'ils habitent, ils sont persuadés qu'il est toute la nature, et qu'au-dessus, au-dessous et à côté il n'y a que le néant.

Ne se doutant pas de la grandeur du problème, de l'immensité de la route à parcourir, prenant pour terme ce qui n'est que le commencement, ils croient à une vie unique, ne voient rien au delà et meurent stupidement sans avoir jamais fait le tour d'eux-mêmes.

Cependant, étonnés de souffrir, se sentant soumis à des lois qu'ils ignorent, subissant le joug sans connaître les causes, troublés par l'incessante perversité de ce monde, inquiets sur leur destinée, d'aucuns ont cherché la cause finale, la loi de justice, la sanction du bien et du mal. Mais leurs yeux de chair ne voyant pas ce qui est, n'ayant rien sondé, rien compris, rien traduit, ne sachant pas que l'homme se rémunère et se punit lui-même, que ses défauts et ses vices sont un état passager, comme la faiblesse du premier âge, ils ont imaginé un Paradis et un Enfer, dans l'espace infini. Ils adorent un Dieu qu'ils ont créé à leur image, auquel ils prêtent leurs faiblesses, un Dieu distributeur de peines et de récompenses éternelles, pour des fautes et des mérites d'un jour, un Dieu créateur d'âmes qui par le seul fait de leur naissance deviennent souillées et damnées, vouant aux derniers supplices des êtres débiles, ouvrages de ses mains ; et chaque peuple ayant ainsi son bon Dieu particulier (bon pour lui, mauvais pour les autres) dont les attributs semblent inventés tout exprès pour outrager le sens commun.

D'autres enfin, se disant plus éclairés,
pleins d'orgueil pour la grandeur de leurs
œuvres, ne doutant de rien, se croyant le
droit de déclarer impossible tout fait inconnu
d'eux, nient bravement l'Auteur de la
nature, sous prétexte qu'il est incompréhensible.

Alors qu'ils ignorent la loi de leur propre
manière d'être, ils affirment que l'univers
est le résultat du hasard ; que la vie est un
accident, qu'elle n'a d'autre solution que la
mort ; que tout finit avec la forme ; que la
conscience vient du néant et y retourne ;
que l'homme est un mécanisme qui fonctionne, l'équivalent d'un tas de boue en fer-
mentation, que c'est le cerveau qui pense, que
l'homme n'a pas d'âme ; mais sans pouvoir
expliquer comment le cerveau matériel donne
naissance à des idées intellectuelles, ni comment persiste la mémoire après le renouvellement intégral de la masse encéphalique.

De leur caverne obscure, ne pouvant juger
de l'ensemble, tournant toujours dans le
même cercle, sans quitter leur point de vue
et n'y voyant que ce qu'ils veulent y voir,
n'ayant aucune conception de l'existence
individuelle de l'âme, de son origine et des
phases de son développement ; impuissants
à s'expliquer les contradictions apparentes
d'ici-bas, la raison des maux, l'utilité des

peines, prenant sans cesse les effets pour les causes, l'illusion pour la réalité, ne sachant pas où va ce qui s'en va, n'entrevoyant pas le but vers lequel tout marche, traversant Dieu sans le voir, ils nient toute Intelligence suprème, toute Puissance directrice dans l'ordre général de la nature et croient tout savoir ; mais ce qu'ils savent n'est rien et ce qu'ils ne savent pas est tout.

.˙.

Rien n'est mort, rien n'est faux, rien n'est noir, rien n'est triste.

La nuit n'est pas.

Au-dessus de l'intelligence humaine, au-dessus des efforts de la science et de la raison, au-dessus des dogmes officiels, des cultes établis, des églises reconnues, planent deux grandes idées qui sont le fond commun de l'intuition et de la conscience : Existence d'un être suprème, principe et ordonnateur de la vie. Perpétuité de la conscience individuelle, c'est-à-dire résurrection ou continuité de l'être avec la sanction morale qui en découle.

Simples comme tout ce qui est vrai et comme tout ce qui est grand, à la fois élémentaires et profondes, accessibles aux plus faibles intelligences et suffisant aux plus

larges esprits, ces deux vérités fondamentales de la vie s'affirment par elles-mêmes.
Elles sont comme la lumière de l'âme ; mais
ce rayon divin rencontre encore des aveugles qui ne peuvent le comprendre et des fous
qui ferment les yeux pour ne pas le voir.

L'homme et toute son histoire, toute sa
science, toute sa destinée ici-bas, n'est que
le jeu éphémère d'une libellule voletant un
instant au-dessus de l'Océan sans limites de
l'espace et du temps. Confiné sur son globe,
l'homme voit et comprend le relatif terrestre, explique l'univers, définit la justice sur
des rapports tirés de son état présent.

Les véritables causes finales et la vraie
destinée des êtres ne sont point celles que
les hommes enfantent dans leur petit cerveau.

Tout être humain a sa zone lucide dont la
portée, l'étendue et l'éclat varient pour chaque individu. Mais l'aptitude à concevoir les
choses spirituelles n'est pas la conséquence
nécessaire du développement de l'intelligence ; la science vulgaire ne la donne pas.
L'intelligence la mieux cultivée est insuffi-
sante pour élever la pensée dans les hautes
régions ; il faut encore un certain degré de
sensibilité qu'on peut appeler *la maturité du
sens moral,* indépendante du degré d'instruc-
tion, parce qu'elle est inhérente au déve-

loppement, dans un sens spécial, de l'Esprit incarné.

Pour comprendre les choses spirituelles, il manque aux hommes un sens, comme à l'aveugle il manque le sens nécessaire pour comprendre les effets de la lumière, des couleurs et de la vue sans contact.

Dieu montre ce qu'il veut et tait le reste.

Le Créateur donne aux humanités naissantes, pour éclairer leur route, des lueurs de vérité dont la liberté humaine use ensuite comme elle veut; mais ces lueurs ne dépassent pas la portée de ce que l'homme, au moment où elles lui arrivent, peut concevoir et atteindre. On n'enseigne pas à l'enfance ce qu'on enseigne à l'âge mûr. La révélation est proportionnée aux forces de l'Esprit.

L'insuffisance des facultés terrestres et la pauvreté fatale de la science positive elle-même sont évidentes. L'homme ne voit pas tout ce qui est visible, et ce qu'on appelle orgueilleusement la Science n'est qu'une perception organique très bornée.

La créature humaine, pleine de limites et de défectuosités, loin d'avoir la science infuse, est dans un état de profonde ignorance.

Regardant l'espace infini comme un immense désert dont la terre est la seule oasis et l'homme terrestre l'unique et éternel contemplateur, s'imaginant être le but de la

création, des hommes qui s'évaluent trop
haut, osent, de l'imperceptible coin de l'espace où ils ont dressé leur observatoire,
soumettre aux trompeuses impressions de
leurs sens l'ordonnance de la création et dic-
ter des lois à l'univers, quand ils ne connaissent pas même le grain de poussière qu'ils
foulent.

Prétendant tout rabaisser au niveau de leur
taille intellectuelle, prenant leur intelligence
pour la mesure de l'intelligence universelle,
et se jugeant aptes à tout comprendre, ils ne
peuvent croire à la possibilité de ce qu'ils ne
comprennent pas; quand ils ont prononcé,
leur jugement est pour eux sans appel.

Ils ne peuvent admettre un monde invisible et une puissance extra-humaine. Leur
orgueil se révolte à l'idée d'une chose au-
dessus de laquelle ils ne peuvent se placer
et qui les ferait descendre de leur piédes-
tal.

Ces hommes de science et d'esprit, selon
le monde, qui vivent et meurent ignorant la
chose la plus importante, ont généralement
une si haute opinion d'eux-mêmes et de leur
supériorité qu'ils regardent les choses divines comme indignes de leur attention; leurs
regards, concentrés sur leurs personnes, ne
peuvent s'élever jusqu'à Dieu.

Chétives créatures humaines balbutiant à

la surface de leur globe qui ne leur offre
qu'un seul aspect de l'immense univers, ignorant tout le reste, ignorant le rapport de
l'ensemble aux parties, ne pouvant concevoir quelque chose en dehors du mode
d'existence actuel et présent, auquel ils sont
soumis, ils se croient en droit de juger
l'œuvre immortelle sur eux et sur ce qui les
entoure. Les plus humbles d'entre eux ne
doutent pas qu'ils ne soient le chef-d'œuvre
de la création, la merveille de la nature,
les rois de l'univers.

Faisant table rase de ces « rêveries d'un
autre âge » ils ne reconnaissent que la
matière universelle, éternelle, infinie, dont
le hasard, après des essais et des tâtonnements sans nombre, est parvenu à faire le
monde tel qu'on le voit, avec les lois immuables qui le régissent :

« Il n'y a pas d'être absolu, pas de cons-
« cience suprême, pas de volonté générale.
« Il n'y a que des forces inhérentes à la
« matière, seule éternelle, seule infinie et
« contenant tout en soi.

« La croyance en Dieu est une illusion res-
« pectable sans doute chez le vulgaire, mais
« indigne de tout esprit libéré et renseigné.

« Dieu est un mythe et l'âme humaine un
« souffle.

« Dieu c'est l'humanité.

« L'homme est à lui-même son Dieu.

« L'univers et ses lois sont l'œuvre exclu-
« sive du hasard, opérant sur le chaos. L'in-
« telligence est dans la nature seulement
« comme effet et non comme cause ; elle
« n'est qu'un mouvement particulier de la
« matière, une de ses innombrables formes.
« L'homme est un organisme fonctionnant
« en vertu et par le seul fait de son organi-
« sation. Les prérogatives qui dérivent de
« l'intelligence se réduisent à de pures com-
« binaisons chimiques élaborées dans un
« organe spécialement affecté à ce genre de
« fonction. Un peu plus ou un peu moins de
« phosphore dans la matière cérébrale, cons-
« titue la différence entre l'imbécile et l'homme
« de génie. Le cerveau sécrète la pensée
« comme le rein sécrète l'urine. Chacun va,
« non pas où il veut, mais où son cerveau le
« pousse.

« Il n'y a pas de volonté libre. La volonté
« est l'expression nécessaire d'un état du
« cerveau produit par des influences exté-
« rieures.

« L'homme est le jouet de toutes les fata-
« lités qui l'enserrent, facultés organiques,
« héréditaires, sociales ou autres. S'il com-
« met un crime, ce n'est pas sa faute, c'est
« qu'il y a été invinciblement poussé par des
« forces aveugles, il n'a fait que remplir en

« quelque sorte une fonction de son être. Il
« est sa première victime ; il est victime de
« tout et de tous comme de lui-même. Ce
« n'est pas un coupable, c'est un « anor-
« mal. »

Esprits peu cultivés au point de vue religieux et philosophique, mais solides et posi-
tifs en tout ce qui concerne les choses de la
vie matérielle, peu accessibles aux émotions
de l'âme, voyant mieux les effets que les
causes, ignorant les mondes supérieurs que
leur esprit trop pratique ne peut apercevoir,
ne comprenant du ciel que ce qui peut s'en
toucher du doigt, ne reconnaissant pour vrai,
positif et réel que ce qu'ils peuvent entendre,
goûter, palper, sentir et « personne n'ayant
« vu, entendu, palpé l'âme, l'âme n'est que
« le produit du cerveau, la pensée n'est que
« le mouvement de la matière et la conscience
« n'est qu'un ressort de montre. »

« Les conceptions animiques sont bonnes
« pour les sauvages.

« La croyance à l'immortalité de l'âme et
« l'idée de résignation devant tous les maux
« est un produit exotique.

« Il n'est pas douteux que l'individualité
« du corps organique, aussi bien que celle de
« la conscience, ne sont qu'une apparence
« qui disparaît avec la mort.

« La vie future ne peut être soutenue par

« aucun argument sérieux, tandis que son
« absence cadre bien avec tout l'ensemble
« des connaissances humaines. L'idée de
« l'immortalité de l'âme ne se conserve plus,
« dans sa conception naïve et simpliste, que
« dans les doctrines religieuses. C'est une
« fiction propre à séduire les natures peu
« élevées.

« Depuis le réveil de l'esprit scientifique
« en Europe, on a reconnu que l'idée de la
« vie future n'était basée sur aucune donnée
« sérieuse. L'étude des phénomènes psychi-
« ques a démontré, au contraire, leur liaison
« intime avec le · corps, notamment avec les
« éléments du système nerveux central.

« La science ne peut accepter l'immorta-
« lité de l'âme consciente, la conscience étant
« fonction d'éléments de notre corps qui ne
« peuvent pas vivre éternellement. L'immor-
« talité n'existe que pour des êtres inférieurs
« se renouvelant constamment et par régéné-
« ration complète et qui n'ont pas la cons-
« cience développée.

« Rien n'a jamais pu confirmer l'idée de la
« vie future, tandis qu'une quantité de don-
« nées *écrasantes* sont venues la combattre.
« Les phénomènes de communication à
« grande distance, ou de télépathie, comme
« on les a désignés, peuvent être réels, mais
« ils sont incapables de prouver l'existence

« d'une âme indépendante du corps. Peut-
« être existe-t-il quelque émanation de l'or-
« ganisme capable d'être perçue malgré un
« grand éloignement de l'organe qui la per-
« çoit, mais il ne s'agirait ici que d'une fonc-
« tion particulière des parties vivantes de
« notre corps.

« L'idée d'une vie future a perdu de plus
« en plus d'adhérents et l'anéantissement
« total de la conscience après la mort est
« devenu une notion courante acceptée par
« la très grande majorité des gens éclairés.

« Il est absurde de croire à autre chose après
« la mort qu'à l'anéantissement complet.
« L'homme vulgaire seul craint cette pers-
« pective. L'essentiel c'est que l'homme
« domine l'univers par la science. Le sage
« regarde fixement et joyeusement dans les
« yeux l'anéantissement absolu.

« L'idée du néant ou de la cessation de la
« vie individuelle n'a rien d effrayant pour
« l'homme nourri des principes de la philo-
« sophie. L'anéantissement, c'est le repos
« parfait, la délivrance de toute douleur,
« l'affranchissement de toutes les impressions
« qui tourmentent le corps et l'esprit. La
« meilleure fin que nous puissions désirer
« c'est la paix éternelle du tombeau.

« La vie n'est autre chose qu'une excep-
« tion temporaire aux lois générales de la

« matière, une suspension momentanée et
« accidentelle des lois physiques et chimi-
« ques, lesquelles finissent toujours par avoir
« le dessus : et c'est ce qu'on appelle la
« mort.

« Pendant longtemps on a pensé que
« l'homme était une œuvre divine, mais la
« critique scientifique a facilement démon-
« tré l'impossibilité d'une pareille supposi-
« tion.

« L'homme n'est pas animé d'un souffle
« divin immortel. L'homme est issu d'un
« singe anthropomorphe qui, se trouvant dans
« une période de variabilité des caractères
« spécifiques, engendra des enfants munis
« de propriétés nouvelles.

« L'homme est un organisme désharmo-
« nique résultat d'un passage brusque et non
« prévu du singe à l'homme. Il a hérité
« d'une organisation adaptée à des conditions
« de vie toutes différentes de celles dans
« lesquelles il est obligé de vivre. Doué d'un
« cerveau infiniment plus développé que
« celui de ses ancêtres animaux, l'homme a
« ouvert une nouvelle voie dans l'évolution
« des êtres supérieurs. Le changement si
« brusque de nature a amené toute une série
« de désharmonies organiques qui se sont
« fait sentir d'autant plus vivement que les
« hommes sont devenus plus intelligents et

« plus sensibles. De là toute une suite de
« malheurs que la pauvre humanité a essayé
« d'enrayer par tous les moyens à sa dis-
« position. Les désharmonies de la nature
« humaine ont abouti à des conceptions en-
« fantines et erronées de l'immortalité de
« l'âme, ainsi qu'à plusieurs autres dogmes
« que l'on voulait faire accepter comme des
« vérités révélées.

« Mais l'intelligence humaine continuant
« son évolution progressive a protesté contre
« ces tentatives d'un ordre aussi primitif.
« Impuissante à rétablir l'harmonie elle s'est
« résignée.

« Notre existence est donc un simple
« hasard et il ne faut pas même en cher-
« cher le but. Chaque individualité ne repré-
« sente qu'une erreur particulière, un faux
« pas de la nature. L'immortalité individuelle
« ne ferait que perpétuer cette erreur jusqu'à
« la fin.

« Toute la vie humaine peut être réglée
« par des lois naturelles sans aucune inter-
« vention de dogme, de religion ni de méta-
« physique. Il faut chercher les bases de la
« morale ailleurs que dans la foi ancienne et
« fantaisiste au surnaturel. La science doit
« prendre la place de la religion, la croyance
« à la réalité d'un ordre naturel et immuable
« des choses celle de la croyance aux esprits

« et aux fantômes, la morale naturelle celle
« de la morale artificielle ou dogmatique.

« Le problème de la morale naturelle se
« réduit à l'instinct social et n'a rien à faire
« avec un dogme religieux.

« La science et la nature humaines nous
« fournissent tous les éléments nécessaires à
« une morale rationnelle. La vie morale et
« rationnelle consiste dans l'accomplissement
« de toutes les fonctions du corps à un degré
« satisfaisant et proportionné. La morale doit
« être dirigée de façon à rendre la vie aussi
« simple et aussi large que possible.

« La vie ne saurait avoir qu'un but vérita-
« blement noble : vivre largement et réaliser
« tous ses désirs. Le bonheur consiste à se
« porter bien et avoir des moyens suffisants
« d'existence. La pauvreté est immorale
« parce qu'elle témoigne le plus souvent
« d'un manque d'énergie, d'un faux orgueil,
« d'une faiblesse de volonté. L'homme vrai-
« ment moral et digne d'estime est celui qui
« agit, qui produit suffisamment pour satis-
« faire ses volontés. L'homme qui se contente
« de peu et réduit sa puissance de volonté à
« la petitesse de ses désirs sans cesse res-
« treints est un homme inutile dont l'exemple
« est funeste et dangereux pour la société.
« *L'aurea mediocritas* est une conception
« contraire à la dignité humaine.

« Ni les religions ni les systèmes de phi-
« losophie métaphysique ne peuvent résou-
« dre les problèmes du bonheur humain et
« de la mort, et la science positive seule
« est capable d'accomplir cette tâche, de
« préciser le but réel de notre existence, de
« nous renseigner sur la signification de la
« vraie culture et du véritable progrès. Une
« fois que chacun aura reconnu le véritable
« but de l'existence humaine et pris comme
« idéal la réalisation de l'évolution de la vie,
« il existera un guide sûr de la vie pratique.

« L'idéal religieux perpétue l'idée fausse
« de l'inégalité des conditions humaines ; il
« empêche ou retarde l'avènement de la jus-
« tice. L'idéal purement humain de justice et
« de fraternité vivante doit se substituer
« pour le plus grand bonheur de tous à l'an-
« cien idéal divin, poétique, enchanteur et
« décevant. On songera moins au paradis à
« venir, aux joies promises, mais différées,
« reportées à une échéance lointaine et hypo-
« thétique, on réalisera le paradis sur terre,
« on goûtera des joies présentes, immédia-
« tes, largement dispensées à tous et non
« plus réservées à quelques-uns.

« La perspective, dans un avenir plus ou
« moins éloigné, d'une révolution scientifi-
« que des grands problèmes qui préoccupent
« l'humanité est déjà capable de donner une

« grande satisfaction. Avec chaque généra-
« tion nouvelle la solution définitive du pro-
« blème se rapprochera de plus en plus et le
« vrai bonheur pourra être un jour atteint
« par les hommes.

« Pour arriver à ce résultat il faudra que
« les hommes soient persuadés de la toute
« puissance de la science et du rôle nuisi-
« ble des superstitions profondément enra-
« cinées.

« S'il est vrai qu'il est impossible de vivre
« sans foi, celle-ci ne pourra être que la foi
« dans la puissance de la science. »

Ainsi parlent dans leur folie scientifique,
ces critiques raisonneurs qui croient naïve-
ment voir et entendre la nature; et telles
sont les manifestations mentales des humanités commençantes dont l'entendement
reste fermé aux vérités résidant en dehors
de leur sphère et qui ne sont pas en correspondance avec leurs facultés organiques
terrestres.

∴

Par un malentendu philosophique presque
général, l'humanité ne voit de choix dans la
question de la destinée individuelle qu'entre
le néantisme matérialiste et le dogmatisme
religieux. La mort ne lui laisse d'autre pers-

pective que l'anéantissement ou les sanctions surnaturelles du Paradis et de l'Enfer.

Deux systèmes contradictoires et ennemis se partagent le monde de la pensée. L'esprit humain flotte, indécis, entre la sollicitation de deux puissances. La religion sans preuves et la science sans idéal se défient, s'étreignent, se combattent sans pouvoir se vaincre parce qu'elles répondent toutes deux à un besoin impérieux de l'homme, l'une parlant à son cœur, l'autre s'adressant à son esprit et à sa raison.

Mais chacune d'elles ne pouvant apercevoir, du point de vue particulier où elle se place, que le côté qu'elle considère et croyant néanmoins embrasser la vérité tout entière, l'accord entre ses deux forces ennemies, le Sentiment et la Raison, le Spiritualisme et le Naturalisme, devient par le fait impossible.

De là tant de faux jugements, de là cette succession non interrompue de systèmes contradictoires et éphémères, nés de la veille et enterrés le lendemain, qui constituent dans leur ensemble la triste histoire des aberrations humaines, véritable tour de Babel, dont chaque assise s'écroule à mesure qu'elle est posée.

Le matérialisme est l'image de la mort universelle. Le néantisme est la négation du progrès, la confusion du bien et du mal,

l'éclipse de l'intelligence et de la raison.
C'est un attentat contre l'esprit humain, une
théorie fausse et absurde qui mène le monde
au désespoir, à la lutte des intérêts, à l'âpre
et bestiale orgie des appétits despotiques et
des passions déchaînées; et ceux qui cher-
chent à faire prévaloir dans l'esprit des
masses, de la jeunesse surtout, la négation
de l'avenir, en s'appuyant sur l'autorité de
leur savoir et de l'ascendant de leur position,
qui, résolument et de parti pris, commettent
le crime sans nom d'enlever aux déshérités
toute croyance et tout espoir, sèment dans la
société des germes de trouble et de dissolution et encourent une grande responsabilité.

La science part de la nature comme d'un
fait; mais qu'est-ce que la nature et pourquoi y a-t-il une nature? C'est ce qu'elle ne
sait pas, c'est ce qu'elle ne dit pas, c'est ce
qu'elle ne cherche même pas.

On célèbre à grand bruit la gloire des
sciences physiques et naturelles. Certes, il y
aurait de l'ingratitude à ne pas reconnaître
la beauté de leurs découvertes et le bienfait
de leur application ; mais quand on regarde
ces sciences non pas du côté pratique, mais
du côté spéculatif on est confondu de l'immensité de leurs lacunes. La physique, la
chimie, la physiologie, amassent des myriades
de faits, constatent les phénomènes, mais

s'agit-il de comprendre ces phénomènes, de savoir quelle est la cause, la cause de l'attraction, la cause de l'affinité, la cause de la vie, voilà ce que la physique, la chimie et la physiologie n'enseignent pas.

La science matérialiste, la science officielle, n'explique rien des choses occultes, indéfinissables, impalpables, de ces correspondances secrètes, de ces forces que nous ne pouvons ni saisir ni analyser, de ces choses merveilleuses, inexplicables et pourtant *réelles* dont nous soupçonnons les effets sans les discerner, et qui flottent éparses dans l'énorme Univers.

L'argument qu'on ne peut réussir à définir complètement Dieu, que sa nature demeure fugitive, insaisissable, ne vaut rien en soi. Il est évident que l'esprit limité de l'homme ne peut embrasser parfaitement l'Être infini.

Si tous les êtres ont eu un commencement, ce commencement est dû à une cause immédiate et suffisante, car il n'y a pas de phénomène sans cause ; et si cette cause réelle, efficace que la raison exige, n'est pas dans ce monde où nous ne voyons que des phénomènes dépendants, des causes secondes, des agents de transmission, elle est distincte du monde, au-dessus de ce monde.

Cette cause première est Dieu et non la matière unie à la force, car la matière, même douée de forces inhérentes, ne peut expliquer ni l'origine de la vie ni l'origine de la pensée.

La pensée n'est pas un simple mouvement de la matière. Croire que la matière du cerveau qui se mesure, se pèse, se voit, se touche, suffise à expliquer la pensée, qui n'a aucun de ces attributs matériels, qui n'a que des qualités spirituelles, comme d'être vraie ou fausse, claire ou obscure, sublime ou commune; croire que la matière du cerveau, composée de molécules se détruisant et se renouvelant sans cesse, puisse suffire à produire l'unité, l'identité de la personnalité et en particulier la mémoire qui suppose un lien commun entre le *moi* du passé et le *moi* du présent ; croire que la matière du cerveau, gouvernée par les lois sourdes de la physique et de la chimie puisse par 'le seule se coordonner tout à coup en pensées, en raisonnements, en poèmes, en systèmes, en inventions, en découvertes scientifiques, c'est accomplir des actes de foi aussi robustes que ceux que l'on reproche aux catholiques superstitieux lorsqu'ils attachent une vertu curative à un chiffon bénit ou aux ossements d'un reliquaire.

Ces corps harmonieusement disposés, ces mouvements réglés des êtres qui se relient les uns aux autres et entre lesquels règne une concordance admirable ; le merveilleux accord

qui existe dans les animaux entre les organes divers et leurs fonctions; la remarqua-
ble corrélation de la vue de l'homme à la
lumière, de ses poumons à l'air atmosphé-
rique, de ses organes de mastication et de
digestion aux substances comestibles que la
terre produit; la parfaite coïncidence entre
ces deux ordres de faits : des hommes créés
industrieux, avec un besoin vivace d'activité
avec toutes sortes de facultés et de forces
capables d'utiliser les objets, et d'autre part
l'immense variété de matériaux offerts à cette
industrie, à cette activité, à ces forces et à
ces facultés ; cet ordre, ces proportions bien
prises, cette série de phénomènes qui se
rencontrent, qui se correspondent, qui s'ajus-
tent les uns aux autres, pour aboutir à l'être
organisé et vivant, à l'animal avec ses instincts, à l'homme avec son intelligence ne
peuvent être attribués au mécanisme, aux
forces aveugles de la nature, au concours
fortuit des atomes, au hasard. Le hasard
n'aurait pas fait une œuvre qui confond la
raison humaine.

C'est une intelligence, une haute intelligence qui a préordonné tous ces buts et
toutes ces fins dont notre intelligence suit
pas à pas la réalisation progressive; c'est
une puissante raison qui a agencé ce vaste
système que notre raison retrouve et recons-

truit avec effort ; c'est un génie suprême qui
a conçu toutes ces lois dont la simple décou-
verte couronne d'une gloire éternelle les plus
grands génies de l'humanité.

La science invoque, contre l'hypothèse de
la Création, le développement progressif des
êtres et les tâtonnements prétendus d'une
nature qui a l'air de s'essayer dans des
œuvres imparfaites. Cette objection n'est pas
sérieuse. Il y a sans doute des degrés de
perfection dans l'animalité, et même cette
échelle de perfectionnement est précisément
ce qui témoigne le plus en faveur d'une
sagesse créatrice ; mais si les animaux sont
inégaux en perfection, il n'y a pas une seule
espèce qui, prise en soi, n'ait tout ce qu'il
lui faut pour vivre. Chaque système d'organisation est clos, complet, suffisant en lui-
même ; il est à lui-même un tout. Mais ce
tout, à son tour, n'est qu'une partie par rapport à un tout plus général, qui est le plan
de l'animalité, et à un autre plus général
encore qui est l'univers.

La perfection absolue n'appartient pas,
d'ailleurs, au monde créé ; ce qui lui convient
c'est le perfectionnement, c'est l'accroissement indéfini : telle est la loi que suit la
nature, par laquelle elle se produit elle-
même, en allant du plus simple au plus
compliqué, du moins parfait au plus parfait.

Cette loi que l'on appelle aujourd'hui *loi d'évolution* est précisément celle qui convient le mieux à un Dieu créateur ; elle ne saurait servir d'objection contre lui.

Si la nature est douée de l'instinct de transformation, elle se transforme dans le sens de son plus grand avantage, et en cherchant toujours une forme plus élevée, comme la plante cherche la lumière ; mais cela même suppose que la nature ne marche pas à l'aveugle ; que la loi qui la régit n'est pas une loi brute, mais une loi de raison.

L'objection qu'on tire du désordre dans le monde physique prouve l'étroitesse de notre esprit plutôt qu'un défaut dans la création. Ces désordres sont des déviations accidentelles produites par l'action des causes extérieures et secondes. Les causes secondes agissent suivant leur nature et les propriétés qu'elles ont primitivement reçues du Créateur ; elles agissent toujours de la même manière dans les mêmes circonstances : c'est ce qu'on appelle des lois. On ne peut pas exiger que les lois physiques soient suspendues à chaque instant pour se prêter à l'intérêt particulier et momentané des êtres ; de même qu'on ne peut éviter tout conflit entre les causes diverses et empêcher que des agents physiques ne viennent heurter des êtres organisés, les déformer et même cau-

ser leur destruction prématurée. La Toute-
Puissance ne peut pas faire ce qui implique
contradiction ; elle ne peut pas faire qu'une
chose soit à la fois et ne soit pas, ni qu'elle
soit en même temps elle-même et son contraire. Des êtres finis ne peuvent pas être en
même temps des êtres parfaits ; des êtres
subordonnés à d'autres, qui ont leur nature
propre et leur but particulier, ne peuvent
atteindre à toute la perfection idéale dont ils
sont susceptibles. Les combinaisons où des
êtres bornés et déterminés peuvent entrer
ne sauraient varier à l'infini, de sorte que
leurs rapports devront nécessairement produire ces anomalies que nous remarquons.

La règle est l'ordre et les accidents, les
exceptions même sont une éclatante confir-
mation de la règle. C'est ce que sentent instinctivement bien des gens qui n'ont pas
étudié les milliers de lois mécaniques, physiques, chimiques, physiologiques nécessaires à chaque instant de leur vie, mais qui
s'aperçoivent bien qu'ils font partie d'un
tout à la fois compliqué et bien ordonné.

Si le monde était le résultat du mouvement fortuit des atomes, tout y serait également fortuit ; il ne s'y trouverait que de
simples rencontres qui se seraient faites
mécaniquement et se déferaient de même :
rencontres dans le monde physique, rencon-

tres dans les molécules du cerveau. Un monde pareil ne pourrait nous offrir ni lois ni vérités certaines par elles-mêmes, s'imposant nécessairement à l'esprit, ne pouvant pas ne pas être ; car le jeu des atomes aurait pu produire une tout autre combinaison qui, dès qu'elle aurait existé, aurait eu la même valeur que la combinaison présente. Il n'y aurait entre la raison générale et la vérité aucun rapport naturel et sûr. La raison serait incompréhensible si elle n'était pas une émanation de la Raison suprême, qui est le lien et la source de toutes les vérités.

La conscience, cette faculté qui nous fait démêler le bien d'avec le mal, n'est pas une invention de l'homme. La loi morale est une réalité absolue; nous n'en pouvons changer ou reviser les articles à notre gré ; elle nous domine et nous préexiste, et cette dépendance où nous nous sentons vis-à-vis d'elle est la preuve d'une autorité supérieure qui nous l'impose, car il ne peut y avoir de lois sans législateur.

La doctrine qui confère à la matière les attributs propres à l'intelligence est absurde. Vouloir expliquer que c'est la matière qui, par une force inintelligente et inconsciente qui est en elle, a produit l'intelligence, la conscience et la vie, c'est se convaincre d'insuffisance ou abdiquer sa raison au profit de ses passions.

3

Ceux qui nient l'existence de toute substance spirituelle se font des idées tout à fait
inexactes de cette matière qui, à leurs yeux,
a seule une existence réelle. La force organique agit aveuglément et sans conscience
de son œuvre, et les phénomènes qu'elle
produit sont des phénomènes organiques,
tandis que le principe intellectuel agit avec
conscience de lui-même et de ses actes, et
ces derniers sont de pures conceptions. Il n'y
a aucune identité entre le principe vital et
le principe intellectuel. Une physiologie
exacte, de même que toute philosophie digne
de ce nom, repousse nécessairement toute
identification, toute assimilation entre le
principe des actes organiques et le principe
des actes intellectuels et moraux. Elle reconnaît qu'il existe dans l'homme un dualisme
fondamental, c'est-à-dire qu'il est composé de
deux substances essentiellement distinctes,
et que néanmoins ces deux substances exercent une action réciproque l'une sur l'autre.

L'argument vulgaire et capital du matérialisme, c'est qu'on ne peut comprendre que
deux substances mutuellement différentes,
comme l'esprit et le corps agissent l'une sur
l'autre. Quand on vit dans le monde de la physique et de la chimie, quand on admet comme
premier dogme l'action inexpliquée des éléments matériels les uns sur les autres, on

n'a pas bonne grâce à rejeter la distinction
de l'esprit et du corps sous prétexte que leur
influence est inexpliquée, et il est un peu
étrange de contester des faits incontestables
parce qu'on ne peut remonter jusqu'à leur
origine la plus reculée et les suivre dans
l'infini.

Si l'inexplicable est le terme des explica-
tions scientifiques c'est que la science n'a pas
tout examiné, tout sondé, tout palpé. Si les
deux substances de nature essentiellement
distincte dont la réunion constitue l'homme
peuvent agir l'une sur l'autre, c'est qu'il
existe dans l'homme vivant un troisième
principe, un être mixte qui, n'étant ni tout
à fait esprit ni tout à fait matière, tient le
milieu entre les deux substances, et c'est par
l'intermédiaire de cet être mixte que l'âme
agit sur le corps et le corps sur l'âme.

La spiritualité de l'âme est un fait, un fait
positif, un fait aussi éclatant que la lumière
du soleil. On cherche encore et on cherchera
peut-être toujours ce que c'est que la matière ;
mais quant à l'esprit nous le connaissons car
nous en avons en nous le type, savoir le moi
pensant, sentant et voulant.

Le dogme de l'immortalité de l'âme et
celui de l'existence de Dieu sont insépara-
bles. La raison ne permet pas de les diviser

et ne saurait, sans se mutiler elle-même,
accepter l'un sans l'autre.

La mort physiologique est la dissolution
de l'organisme et la résolution de ses parties
en leurs éléments constituants ; mais aucun
de ces éléments ne périt, ne cesse pas de
subsister, et de même que les éléments cor-
porels ne sont point détruits par la mort,
de même l'âme, substance immatérielle,
une et absolument simple, ne peut être
détruite.

La preuve de l'existence et de l'immortalité
de l'âme se déduit non seulement des facultés mêmes que Dieu a données à l'homme,
de la loi morale et du consentement universel des peuples, de l'identité de la conscience
humaine dans tous les temps et dans tous
les lieux, mais encore de phénomènes psychiques avérés, irréfragables. La vie future
est une loi de nature à laquelle nul ne peut
échapper. La vie future n'est pas un simple
article de foi, une hypothèse ; c'est une réalité *matérielle* démontrée par les *faits*.

L'esprit humain s'est toujours tourné vers
l'avenir. Pareil à un captif qui, à travers les
barreaux de sa prison, embrasse du regard
la libre immensité de l'océan, il a franchi les
limites étroites de sa vie présente pour pénétrer par le désir et par l'espérance dans le
mystérieux au-delà. Il s'est toujours senti

trop grand pour ce monde, capable de faire
plus, de savoir plus, d'aimer plus que ne le
permettaient les courtes années, les plans
interrompus, les affections brisées de cette
existence. En face des signes innombrables
d'une intelligence présidant à la marche des
êtres, il s'est demandé si l'humanité seule
allait au hasard, sans but vraiment digne de
sa longue et patiente évolution. Partout et
toujours on retrouve d'évidentes manifestations de la croyance en Dieu et à l'immortalité. Partout et toujours on reconnaît dans
la nature même de l'homme un sentiment
inné de dépendance qui l'incline devant la
puissance suprême. Ce sentiment, il est vrai,
se crée des formes de valeur bien inégale ;
il s'abaisse avec l'abaissement de l'homme,
il s'obscurcit avec l'obscurcissement de sa
raison, il s'élève, au contraire, s'épure et
s'éclaire à mesure que l'homme prend possession de lui-même et de la nature, et que
l'instinct primitif se confirme et s'interprète
par les libres déductions de l'intelligence.
Mais dans toutes ses phases il demeure
comme une marque originelle, imprimée à
l'âme humaine par ce Dieu de qui elle vient
et vers lequel elle ne cesse de tendre, même
au travers de ses aberrations les plus étranges.

Tout a été défiguré dans l'univers moral

par les dogmatiques matérialistes. Tout est à
refaire en certains points de la doctrine reli-
gieuse dont l'orientation diverge, s'écarte de
la réalité des choses.

Aucune religion révélée n'est suffisante. Ce
n'est ni dans le bouddhisme, ni dans le maho-
métisme, ni dans la loi de Moïse, ni dans
le dogme romain, ni dans le protestantisme
que l'esprit humain trouve un aliment suffisant pour sa raison et pour son cœur. Ni les
religions modernes, ni les religions anciennes
n'offrent à l'âme une complète satisfaction.

Nos croyances religieuses sont fondées sur
un système égoïste et mesquin. Nous croyons
notre humanité assez importante dans sa
valeur absolue pour être le but d'une création qui dépend tout entière de nos destinées. Pour nous, le commencement de la
terre est le commencement du monde et la
fin de la terre nous représente la consomma-
tion de toutes choses. L'histoire de notre
humanité est l'histoire de Dieu même. Tel
est le fondement de notre foi.

L'Église infaillible s'est trompée, et dans
sa conception physique de l'univers, et dans
sa conception morale de la vie humaine. La
terre n'est pas plus le corps central le plus
important de l'univers, que la vie présente
n'est l'unique théâtre de nos luttes et de nos
progrès. Le travail n'est pas un châtiment,

mais plutôt le moyen régénérateur par lequel l'humanité se fortifie et s'élève. L'homme n'est pas un être déchu, et, au lieu de commencer au sommet de l'échelle, d'où il est prétendûment tombé, il s'est, au contraire, élevé progressivement en subissant comme toute vie, les transformations inhérentes à sa nature.

La fixation définitive du sort de l'âme après la mort, représentée par l'Enfer et le Paradis des chrétiens et de la plupart des autres sectes religieuses, c'est-à-dire par l'immobilité éternelle, soit dans la souffrance, soit dans le bonheur, est contraire à la justice de Dieu, qui ne peut appliquer à des fautes et à des mérites temporels, des peines et des récompenses éternelles, attendu qu'il n'y a pas équation entre le temps et l'éternité ; elle est contraire aussi à la nature de l'homme, qui est essentiellement active et indéfiniment perfectible.

L'étrange façon dont furent compris, de tous temps, les rapports de Dieu avec l'homme et de l'homme avec Dieu, donnent une apparence de raison aux doctrines qui repoussent la personnalité divine au nom de la liberté humaine. Pour éviter l'extravagance des superstitions, on est tombé dans l'extravagance de l'athéisme. On a placé l'esprit humain entre deux folies également dangereuses, en lui disant : Choisis ! On lui ensei-

gne que ce monde est une mêlée dont chacun se dégage comme il peut.

Cette doctrine, qui érige l'égoïsme en système, est montée de la terre païenne dans le
paradis chrétien. Matérialisme et superstition assignent à l'homme pour idéal et pour
but, l'un en vue de la terre, l'autre en vue
du ciel, le culte exclusif de son être : ils
s'unissent pour dire à l'individu : Sauve-toi !
Erreur funeste qui rapetisse l'esprit et
déprave la conscience.

L'homme est lié à l'homme dans ce
monde et dans l'autre. Une destinée générale englobe toutes nos destinées. Nous ne
sommes pas seulement les membres d'une
même famille, nous sommes les rameaux
d'un même arbre. Chaque partie doit accomplir sa tâche dans le travail commun, sans
quoi l'arbre avorte, s'étiole ou se des-
sèche. Nous sommes tous solidaires comme
les cellules d'un même organe. L'évolution
individuelle de l'être humain est liée à
l'évolution collective de toute l'humanité. Il
ne s'agit plus de se sauver tout seul, en
laissant les autres dans l'abîme. Nous monterons ensemble ou nous ne monterons pas.
Il ne s'agit pas de chercher à se sauver isolément, égoïstement par des procédés spéciaux ; il s'agit d'un mode de vie général,
réglementaire, applicable à tous et qui

s'impose à toute créature vivante dont le devoir est de se purifier, de grandir, de s'élever de degré en degré sur l'échelle spirituelle, de se dégager de la matière transitoire, illusoire et de monter vers l'esprit qui est la seule réalité.

La vérité est dans ce qui élève, non dans ce qui abaisse, dans ce qui relie, non dans ce qui sépare, dans l'instinct profond de la solidarité humaine. La croyance à une destinée commune est la seule croyance vraie.

∴

> Ceux qui ont dit qu'une fatalité aveugle a produit tous les effets que nous voyons, ont dit une grande absurdité : car, quelle plus grande absurdité qu'une fatalité aveugle qui aurait produit des êtres intelligents.
>
> CUVIER.

La vérité est simple, sa route est courte, droite et précise. Plus la philosophie est subtile et idéale plus elle est vaine et inutile pour expliquer des choses qui ne demandent aux hommes qu'un sens droit pour être connues jusqu'à un certain point.

L'Univers n'est ni sourd ni aveugle. Un Créateur existe. L'existence de Dieu est un fait acquis par l'évidence matérielle des faits, et les peuples sauvages qui ne connaissent ni les arguments de la philosophie, ni les faits de la science, mais qui croient à l'existence d'une puissance surhumaine en voyant des choses au-dessus du pouvoir humain, sont plus logiques que les hommes qui prétendent qu'elles se sont faites toutes seules.

« Nous sommes sur la terre comme sur un « grain de sable qui ne tient à rien et qui « est suspendu au milieu des airs. Un nombre « presque infini de globes tournent et roulent « autour de ce grain de sable et traversent « chaque jour depuis des milliers d'années les « immenses espaces des cieux. Tous ces « globes, ces corps innombrables qui sont « en marche ne s'embarrassent point l'un « l'autre, ils ne se choquent point, ils ne se « dérangent point ; tous, au contraire, ont « leur place, demeurent dans l'ordre qui « leur est prescrit, suivent la route qui leur « est marquée et, si paisiblement à notre « égard, que personne ne les entend mar- « cher et que le vulgaire ne sait même pas « s'ils existent.

« Quand chacun de ces grands corps serait « supposé un amas fortuit d'atomes qui se « sont liés et enchaînés ensemble par la « figure et la conformation de leurs parties, « on se demanderait toujours qui a créé « l'atome. Est-il matière, est-il intelligence ? « A-t-il eu quelque idée de soi-même avant « de se faire soi-même ? Était-il ou n'était-il

« pas ? A-t-il commencé ? Est-il éternel ?
« Est-il infini ? En fera-t-on un Dieu ?

« Il ne dépendait pas de nous de pouvoir
« jamais être comme il ne dépend pas de
« nous de n'être plus. Nous avons commencé
« et nous continuons d'être par quelque chose
« qui est hors de nous, qui est meilleur et
« plus puissant que nous. Si ce quelque chose
« n'est pas Dieu, qu'est-ce ?

« Nous existons par la force d'une nature
« universelle qui a toujours été ; mais cette
« nature ou elle est seulement esprit et c'est
« Dieu ou elle est matière et ne peut par
« conséquent avoir créé notre esprit ; ou elle
« est un composé de matière et d'esprit et
« alors ce qui est esprit dans la nature c'est
« Dieu.

« Si tout est matière et si la pensée en
« nous n'est qu'un effet de l'arrangement
« des parties de la matière, qui a mis dans
« le monde toute autre idée que celle des
« choses matérielles ? La matière a-t-elle
« donc dans son fond une idée aussi pure,
« aussi simple, aussi immatérielle que celle
« de l'esprit ? Comment peut-elle être le prin-
« cipe de ce qui la nie et l'exclut de son
« propre être ? Comment est-elle dans
« l'homme ce qui pense, c'est-à-dire ce qui
« est à l'homme même une conviction qu'elle
« n'est point matière ?

« L'homme pense, donc Dieu existe.

« S'il est en nous des pensées, une volonté,
« c'est-à-dire une force, des sentiments de
« pitié ou d'amour, quelques notions de jus-
« tice, c'est que cette justice, cet amour,
« cette force se trouvent dans leur intensité
« suprême au sein de l'Être d'où ont jailli
« ces énergies fondamentales. L'étincelle
« implique le foyer, le rayon implique le
« soleil.

« Si l'humanité n'est que le résultat des
« forces brutes de la nature, que l'on nous
« explique comment de ce conflit des élé-
« ments physiques peuvent sortir à un
« moment donné la liberté, la justice, la fra-
« ternité, ainsi que toutes les âmes élevées.
« Que l'on m'explique en quoi il sera
« meilleur pour moi de travailler au bonheur
« des hommes que de travailler à mon bien
« propre, en m'assurant dans la société bien-
« être, richesse, jouissance, autant que je le
« puis, en évitant, bien entendu, les châti-
« ments auxquels les sots et les ignorants
« sont seuls à s'exposer. N'est-il pas prouvé
« par l'expérience que l'on peut être le plus
« malhonnête homme du monde sans courir
« aucun risque, et même en conquérant tout
« ce qui peut rendre la vie désirable, le
« devoir excepté? On parle de l'estime des
« hommes; mais d'où peut venir cette estime,

« s'il n'y a pas de bien moral? et d'où vient
« l'idée du bien moral? On parle des joies
« de la conscience; mais d'où vient cette
« conscience et pourquoi y a-t-il une cons-
« cience qui approuve et qui désapprouve,
« qui récompense et qui punit? C'est déjà
« un miracle de faire sortir la sensation du
« mouvement de la matière: c'en serait un
« second et bien plus grand d'en faire sortir
« la conscience morale. Si l'esprit humain est
« le produit des lois mécaniques, la seule
« loi qu'elle puisse invoquer, c'est la loi du
« plus fort. Comment opposer le droit à la
« force, là où tout se réduit à la force? Le
« droit est une *idée*, ce n'est pas une force,
« ou si l'on veut, c'est une force idéale, qui
« est capable, dans la conscience, de faire
« équilibre à la force physique, mais sans
« avoir de commune mesure avec elle. La
« justice naît de cette idée, et l'amour, d'une
« idée plus haute encore. Il y a donc un
« monde moral, qui est le domaine de l'âme,
« comme il y a un monde physique qui est
« le domaine du corps, et ce domaine des
« âmes doit avoir un souverain qui ne soit
« pas la matière, et c'est par là que l'idée
« du devoir se rattache à l'idée de Dieu. »

Il y a au-dessus de l'homme et au-dessus
de la nature un être pensant, un être libre,
infini, éternel, immuable, un suprême légis-

lateur, qui est le principe de la pensée et de la liberté, le principe de la loi régulatrice des actions humaines.

Dieu est un pur Esprit ou mieux le pur Esprit, conscient de lui-même et de chaque partie infinitésimale de l'univers, entier, personnel, mais sans forme, sans étendue et sans durée ; cause des causes, principe de tout ce qui est, vertu et soutien de l'univers, ordonnateur des phénomènes de la nature, auteur et juge suprême de toutes choses.

Tous les éléments de la création sont en rapport avec Dieu, comme toutes les cellules du corps humain sont en contact immédiat avec l'être spirituel.

Dieu veille incessamment à l'exécution de ses lois, et les Esprits qui peuplent l'espace sont ses ministres chargés des détails, selon les attributions afférentes à leur degré d'avancement.

L'univers est un mécanisme incommensurable, conduit par un nombre non moins incommensurable d'intelligences, un immense gouvernement où chaque être intelligent a sa part d'action sous l'œil du souverain **Maître** dont la volonté unique maintient partout l'unité. Sous l'empire de cette vaste puissance régulatrice tout se meut, tout fonctionne dans un ordre parfait, tous les phénomènes sont soumis à des lois générales et calculées; ce qui nous semble des perturbations sont les mouvements partiels et isolés qui ne nous paraissent irréguliers que parce que notre vue est circonscrite et que nous ne pouvons en embrasser l'ensemble.

Il n'y a pas de hasard, ou plutôt, ce que nous appelons le hasard n'est pas aveugle, c'est nous, dont l'intelligence et la clairvoyance sont limitées, qui le sommes ; le hasard est simplement une cause intelligente, et lorsqu'il nous arrive de ne découvrir dans cette cause aucune trace d'intelligence, cela tient, non à ce que l'intelligence lui manque, mais à ce que la nôtre n'a pas assez de portée pour la découvrir.

Dieu est tout : conscience universelle, intelligence sans bornes, activité éternelle, justice absolue ; il se révèle d'une manière non équivoque dans tout ce qui tombe sous les sens, dans les moindres actions des êtres organiques ou inorganiques, animés ou inanimés. Il n'est pas moins en bas qu'en haut.

Le monde est le produit de cette force divine qu'on appelle la Nature ; mais la Nature n'est pas Dieu. Le monde est l'expression de la pensée de Dieu et l'acte de sa volonté. Ses lois sont éternelles, immuables, parce que sa volonté elle-même est éternelle et constante, et que sa pensée anime toutes choses sans interruption.

L'activité de Dieu crée sans cesse ; elle est éternelle. Tous les jours des globes s'organisent, tous les jours des êtres nouveaux apparaissent, tous les jours des consciences se forment, tous les jours des âmes éclosent.

La création universelle, à proprement parler, n'existe pas, si on doit se figurer par cette expression la formation première intégrale du Grand-Tout, puisque cette formation du Grand-Tout serait inséparable de celle de Dieu, nécessairement incréé. Mais la création doit s'entendre de la production incessante d'êtres entièrement nouveaux qu'elle fait naître, en même temps que d'êtres anciens qu'elle fait renaître, qu'elle rajeunit dans leurs organismes, et même dans l'organisme animique, afin de les élever graduellement à tous les degrés de la hiérarchie spécifique.

Dans leur état actuel d'infériorité, les hommes ne peuvent que difficilement comprendre Dieu infini. Parce qu'ils sont bornés et limités, ils se le figurent borné et limité comme eux, ils se le représentent comme un être circonscrit, et en font une image à leur image.

L'essence et la nature de Dieu constituent une vérité inexplicable qui s'impose d'une manière absolue. Son existence est attestée par la nature, par la conscience et la raison, par l'intelligence et par les inspirations synthétiques de la pensée ; sa grandeur, sa puissance, dépassent les conceptions humaines. Les efforts des savants, les hypothèses des philosophes et les théories des penseurs sont impuissants pour définir l'essence première de l'Être des Êtres. Dieu est essentiellement incompréhensible. Un Dieu qui pourrait être compris ne serait pas Dieu, mais un Dieu imaginé par l'homme.

L'existence de Dieu est une vérité immuable, une nécessité absolue qu'il faut admettre comme l'on admet l'infini du temps et de l'espace. Quelles que soient d'ailleurs les idées que les hommes se fassent de la divinité, ils ne trouveront jamais de limites ni de bornes à qui n'en a pas.

La croyance en Dieu est tellement nécessaire, tellement indispensable, tellement essentielle, que tous les peuples l'invoquent au seuil de leur existence comme au sommet de leur civilisation. Il apparaît aux hommes comme le but suprême de toute perfection, comme le lien indissoluble de l'harmonie universelle. Le philosophe de bonne foi, le penseur sincère et impartial, croient sans arrière-pensée à une Cause consciente de toutes choses, loi d'amour, de vie et d'harmonie, lien indissoluble de tous les mondes.

Les mœurs ont pour base les croyances et, au fond de tous les progrès sociaux, on

trouve un dogme qui les a engendrés. Toute
négation d'un principe divin est une blessure
faite à la civilisation, retrancher l'idée de
Dieu, c'est couper une artère du progrès.

Sans la croyance en Dieu, ce monde est
incompréhensible et aucune organisation
sociale n'est acceptable. Elle indique le but,
elle fournit le moyen.

.·.

Les innombrables globes qui circulent dans
l'espace sont peuplés comme la Terre d'ha-
bitants dont l'organisme varie suivant le
milieu dans lequel ils vivent.

Ces humanités planétaires diffèrent de la
nôtre dans leur nature intime, dans leur
mode d'existence, dans leurs fonctions vitales et dans tout ce qui constitue leur manière
d'être.

La loi du progrès régit le système vital de
chacun des mondes. Ce système vital diffère
suivant la nature intime et les forces parti-
culières de chaque monde.

Ces mondes sont à des degrés divers
d'avancement physique et moral. Ils progressent physiquement par l'élaboration de
la matière et moralement par l'épuration des
Esprits incarnés qui les habitent.

Le monde que nous habitons n'est qu'un

atome dans l'importance relative des innombrables créations de l'espace. La terre n'est pas le pivot de l'univers, le but et le centre de la création, mais l'un des plus petits astres roulant dans l'immensité ; l'un des plus arriérés et des moins favorisés pour l'habitabilité.

Notre terre, loin d'être le pivot de la création, n'est qu'un des astres les plus infimes qui gravitent dans les steppes de l'immensité. Notre soleil lui-même, pour aussi grandiose qu'il soit, ne gouverne qu'un tourbillon de planètes en nombre très limité, et en raison de l'organisation cosmogonique les étoiles sont d'innombrables soleils autour desquels gravitent d'autres terres, constituant d'autres tourbillons spéciaux indépendants et séparés les uns des autres par des distances d'une prodigieuse grandeur. Et l'on se demanderait pourquoi notre globe, atome minuscule de cette agglomération gigantesque, aurait été choisi par Dieu comme siège unique de la vie.

Le monde est **Un**. L'universalité des êtres est une unité.

Le mouvement des êtres organisés est déterminé par une loi, la même pour tous : l'action qu'ils exercent les uns sur les autres.

Rien de ce qui est ne peut se soustraire.

Toutes les créations sont solidaires entre elles.

L'homme est un composé des éléments planétaires. Il a été créé de la même façon que tout ce qui vit sur la planète, par les forces vives de la nature, selon la loi divine qui régit les évolutions de la substance et les progrès de la vie.

La manière dont l'homme voit, dont il entend, ses sensations, son système nerveux, sa taille, son poids, sa densité, sa marche, ses fonctions, en un mot touss es actes, sont régis, constitués même par l'état de sa planète.

L'anatomie est venue troubler l'homme dans sa naïve admiration de soi-même et lui rappeler que la réalité visible et tangible ne l'isole pas des animaux.

Le corps humain ne diffère pas, anatomiquement, de celui d'un mammifère supérieur ; sa chair, ses os, ses muscles, ses nerfs, ses organes internes et externes, son cerveau même, n'ont pas un atome de substance qui ne se retrouve dans les espèces inférieures ; et si l'on remonte aux origines des espèces, on trouve des transformations graduelles établissant par des témoignages irrécusables que la vie terrestre tout entière, depuis le mollusque jusqu'à l'homme est le développement d'un seul et même arbre généalogique.

L'organisation humaine est sur la terre la somme des organisations animales qui montent jusqu'à elle suivant les degrés de la zoologie terrestre.

L'homme procède de l'animalité. Il est la conséquence logique des êtres qui ont paru avant lui, comme, au-dessous de lui, toute existence est la conséquence des existences précédentes. Il débute dans la vie sous l'humble forme d'un infusoire, d'un vibrion, d'une monade, pour s'élever graduellement jusqu'au type humain.

Dieu n'est pas amoindri, l'homme n'est pas rapetissé parce que, sous une loi universelle, la loi du progrès, toute la vie manifestée se coordonne et s'enchaîne.

Plus la loi est simple, plus Dieu est grand. Cette économie de ressorts qui emploie toutes les forces, qui utilise tous les germes, est aussi la loi de justice.

Ceux qui prétendent que l'homme possède une place élevée et distinguée dans le règne animal parce qu'il a été expressément modelé par les mains mêmes de Dieu, à sa propre ressemblance, trouveront peut-être qu'il est peu digne de la belle statue façonnée par le Créateur, de dégénérer, en dehors de l'ordre de la nature, jusqu'à devenir un sauvage horrible, un épouvantable cannibale, qui dévore son propre prochain, un homme taché par des crimes, par des vices dégoûtants et par des souillures de tous genres.

Ne paraît-il pas plus digne de l'être suprême, et de l'homme même, que celui-ci,
par des innombrables conflits, des souffrances, des luttes, des évolutions et des progrès,
en harmonie avec la matière, parvienne, de
l'état d'étincelle *rudimentalement* intelligente, à conquérir la place la plus élevée
dans l'échelle des êtres sur la terre, et à
s'emparer de la pensée libre et indestructible, du libre arbitre, de la volonté, de la
raison ?

Si une question intéresse l'humanité, c'est
celle de son origine; l'idée du but et de la
fin de toute existence humaine en résulte.

D'après certains *savants*, l'homme n'est
qu'un composé de matière, un animal un
peu plus intelligent, un peu plus parfait que
les autres, et qui, à travers des milliers de
siècles, est arrivé graduellement à sa forme
actuelle, en passant pas les évolutions les
plus diverses. La matière brute est devenue
cellule organique, la plante s'est faite infusoire, l'infusoire s'est transformé en reptile,
le reptile a abouti au mammifère et le singe
à l'homme.

Cette théorie doit être repoussée : Le
Transformisme, la Sélection, l'Évolution,
aboutissent au même phénomène, à savoir
que la transformation des espèces provient
uniquement de l'âme (dénommée instinct

chez l'animal) qui fait toute son évolution à travers la série au moyen d'existences successives. A chacune de ses incorporations, de ses incarnations, l'âme s'agrandit, elle se complète par l'adjonction d'un plus grand nombre de particules psychiques éparses dans l'éther, lesquelles particules s'unifient entre elles par suite de la loi d'affinité.

L'évolution n'est qu'une transformation de l'âme, un changement produit par une addition, une accumulation ou agrégation du principe intelligent, qui se poursuit de la monade jusqu'à l'homme. Quand l'âme humaine est très évoluée, quand elle a passé par un grand nombre de formes, de corporéités, elle quitte les types primitifs pour aller animer des êtres de plus en plus parfaits.

Des âmes peu évoluées, jeunes, rudimentaires, accaparent des corps rudimentaires, occupent les corps des animaux.

L'homme est une intelligence jadis émanée de l'Intelligence universelle, et transférée dans l'atome, dans la molécule, dans la cellule, enfin dans l'homme. L'homme parcourt toutes les formes animales avant d'arriver à sa forme finale, et malgré ses nombreuses transformations, ses avatars divers, il ne descend pas du singe. Nous n'avons jamais eu pour ancêtre un singe anthropoïde.

Notre prétendue origine simienne est une erreur. Ce n'est pas un singe que l'âme a pour ancêtre ; mais c'est dans une forme simienne, parvenue à un certain degré de perfection relative, qu'est descendue une âme humaine, grossière et encore semi-animale, sous l'influence de laquelle cette forme simienne a évolué vers l'humanité. .

L'homme est un Esprit incarné.

Il y a en l'homme trois choses distinctes :

1° L'Ame ou Esprit, principe intelligent, en qui résident la pensée, la volonté et le sens moral ;

2° Le Corps, enveloppe matérielle, qui met l'Esprit en rapport avec l'extérieur ;

3° Le Périsprit, enveloppe légère, fluidique, impondérable, servant de lien et d'intermédiaire entre l'Esprit et le corps.

L'âme humaine est le résultat du travail de la vie, de son incarnation périodique et ascendante dans des organismes progressivement plus compliqués comme moyen de perfectionnement.

L'âme est un être intellectuel, pensant, immatériel. L'âme n'est pas la force vitale, car celle ci est mesurable, se transmet par génération, n'a pas conscience d'elle-même, naît, grandit, décline et meurt, états tout opposés à ceux de l'âme, immatérielle, sans mesure, non transmissible, consciente.

Le cerveau qui, dans l'hypothèse matérialiste, est censé produire l'âme, n'est qu'un
instrument de manifestation au service de
celle-ci, et l'instrument cérébral, foncière-
ment le même chez l'homme (fou ou raisonnable) et les espèces animales supérieures
parce qu'il a à diriger, ici et là des fonctions
organico-vitales analogues, donne des résultats différents selon la capacité de l'Esprit
qui s'en sert.

Un cerveau organisé resterait neutre et
inerte dans toutes ses parties si un Esprit,
principe intelligent et parcelle divine ne
s'en emparait pour en faire mouvoir le mécanisme comme le principe universel intelligent meut les mondes en nombre infini.

L'âme n'est pas localisée dans une partie
du corps ; elle forme, avec le périsprit, un
tout fluidique, pénétrable, s'assimilant au
corps entier, avec lequel elle constitue un être
complexe dont la mort n'est en quelque
sorte que le dédoublement.

Pendant la vie, l'âme agit plus spécialement sur les organes de la pensée et du sentiment. Elle est à la fois interne et externe,
c'est-à-dire qu'elle rayonne au dehors ; elle
peut même s'isoler du corps, se transporter
au loin et y manifester sa présence, ainsi que
le prouvent les phénomènes somnambu-
liques.

La lucidité somnambulique n'est autre que la faculté que possède l'âme de voir et de sentir sans le secours des organes matériels. Cette faculté est un de ses attributs ; elle réside dans tout son être ; les organes du corps sont les canaux restreints par où lui arrivent certaines perceptions. La vue à distance que possèdent certains somnambules, provient du déplacement de l'âme qui voit ce qui se passe aux lieux où elle se transporte. Dans ses pérégrinations, elle est toujours revêtue de son périsprit, agent de ses sensations, mais qui n'est jamais entièrement séparé du corps ; ce lien n'est rompu qu'à la mort. Le dégagement de l'âme produit l'inertie du corps qui semble parfois privé de vie, comme dans la catalepsie et la léthargie.

L'âme est immortelle, indestructible.

Lorsque l'enveloppe extérieure ne peut plus fonctionner, elle tombe, et l'Esprit s'en dépouille, comme le fruit se dépouille de sa coque, l'arbre de son écorce ; c'est ce qu'on appelle la mort.

La mort ne termine rien, tout continue.

Rien de ce qui est ne peut être anéanti, et il est au moins aussi impossible de détruire la personnalité humaine, qui est la réalité par excellence, que d'anéantir un atome de la matière. La vie indestructible, sous mille aspects divers, poursuit sa destinée dans mille autres milieux.

La mort n'est qu'un épisode de la vie ; elle n'en est pas l'interruption.

La mort n'est rien, elle n'est qu'un instant impossible à mesurer, elle n'est pas encore ou elle n'est plus.

La mort n'est que la séparation de l'Esprit et du Corps, une transformation nécessaire, un renouvellement. La mort n'est pas une fin, mais une métamorphose ; le corps, de matière lourde, se refroidit pour se désagréger, tandis que, de l'intimité de l'organisme, se dégage une forme semblable, gardienne de la personnalité, et qui devient le corps d'une nouvelle vie plus souple et plus radiante. La destruction n'est qu'un moyen d'arriver, par la transformation, à un état plus parfait ; car tout meurt pour renaître et rien ne rentre dans le néant. La forme extérieure seule, change. Le principe de la vie, l'Esprit, demeure en son unité permanente, indestructible. Il se retrouve au delà du tombeau dans la plénitude de ses facultés, avec toutes les acquisitions dont il s'est enrichi dans ses existences corporelles.

La mort du corps débarrasse l'Esprit de l'enveloppe qui l'attachait à la terre. Une fois délivré de ce fardeau, il n'a plus que son corps fluidique, qui lui permet de parcourir les distances avec la rapidité de la pensée.

L'appréhension de la mort est un effet de
la sagesse de la Providence. Elle est nécessaire tant que l'homme n'est pas assez
éclairé sur les conditions de la vie future,
comme contre-poids à l'entraînement qui,
sans ce frein, le porterait à quitter prématurément la terre, et à négliger le travail d'ici-
bas qui doit servir à son propre avancement.

⁂

L'âme est une incarnation de l'Être suprême.

L'âme se meut dans le visible et dans l'invisible ; elle lie le passé au présent et le présent à l'avenir ; elle alterne l'activité terrestre avec la vie de l'espace, elle est une
affirmation de la transmission des êtres d'un
monde dans l'autre et la transformation de
la matière à la mort corporelle ; elle est le
foyer de la chaleur intellectuelle, la source
des forces morales, le noyau attractif des
mondes et le principe absolu de la vie éternelle de l'Esprit.

L'âme constitue la force et la vie ; le corps
composé de matière se dissout et revient à
ses premiers éléments. C'est ce qui a fait
dire que tout vit, tout se tient, tout se meut,
tout s'enchaîne, tout s'agite, que rien ne se

créé, rien ne se perd et que l'âme progresse
et le corps se transforme.

L'âme n'est pas seulement dans l'homme
et dans les natures supérieures à l'homme.
Elle anime toutes choses, car *toutes choses*
est un être ou un collectif. Depuis les soleils
géants qui s'étendent dans l'univers infini
jusqu'au moindre atome perdu en apparence
dans les entrailles de la terre, tout possède
une âme, douée d'un firmament à l'image de
la grande âme divine ; de telle façon que
tout s'enchaîne harmonieusement dans la
nature et que tout est dans tout.

Tout évolue dans l'univers et tend vers un
état supérieur. Tout se transforme et se perfectionne, même l'homme qui, on ne sait
pourquoi, fait tant d'opposition à cette vérité.
Le tout éternel sort de l'éternel atome.

La nature est dans un enfantement perpé-
tuel. De même que l'épi est en germe dans
la graine, le chêne dans le gland et la rose
dans son bouton, ainsi des genèses de mondes s'élaborent dans la profondeur des cieux
étoilés. Partout la vie engendre la vie. D'é-
chelons en échelons, d'espèces en espèces,
dans un enchaînement continu, elle s'élève
des organismes les plus simples, jusqu'à l'être
conscient et pensant, jusqu'à l'homme. Dans
cette immensité sans bornes, sans rives,
règnent incessamment le mouvement et la

vie. Une Providence intelligente protège partout le développement de la vie et sauve-
garde l'ordre universel, tout en laissant à
l'individu la liberté de ses mouvements et le
mérite de ses efforts.

Qui que nous soyons sur la terre, à quelque degré que nous soyons placés, chacun
de nous a sa personnalité distincte. L'humanité à laquelle nous appartenons est une
station de l'archipel infini, et nous marchons
tous, dans la solidarité universelle, vers une
perfection infinie.

La grande humanité collective est formée
par une suite non interrompue d'humanités
individuelles actives à tous les degrés de
l'échelle de la perfection. La loi de la solidarité domine tout, reliant, dans le passé,
le présent et l'avenir, non seulement toute
l'humanité, mais tout ce qui pense, tout ce
qui vit, tout ce qui est, compensant dans
une égalité générale et totale, toutes les inégalités passagères et partielles résultant de
la loi de l'effort.

L'Esprit a son évolution, sa gravitation,
son aurore et sa marche ascensionnelle. La
même loi d'harmonie régit tout, sur notre
monde comme sur tous les autres mondes
de l'espace.

Dans l'échelle des êtres vivants, depuis le
lichen jusqu'à l'arbre, depuis le zoophyte

jusqu'à l'homme, il y a une chaîne s'élevant par degrés sans solution de continuité ; chaque espèce est un perfectionnement, une transformation de l'espèce immédiatement inférieure, et le corps de l'homme est le dernier anneau de l'animalité sur la terre.

Il y a une certaine tendance qui s'agite dans chaque atome, qui fouille l'univers depuis son sommet jusqu'à sa base, une qualité qui donne à chaque substance de la nature une inclination forcément dirigée sur un point déterminé, et cette force intérieure, cette attraction descend du Créateur pour remonter vers lui.

Il y a dans les éléments mêmes de la matière un commencement de conscience, une sorte de perception sourde et ces éléments ou atomes passent d'une conscience sourde et incomplète à une conscience claire et distincte, de l'inertie à la vie, de la vie à la sensibilité, de la sensibilité à la pensée.

L'Esprit s'élabore au sein des organismes rudimentaires. Le principe intelligent, distinct du principe matériel, s'individualise, s'élabore, en passant par les divers degrés de l'animalité ; c'est là que l'âme s'essaie à la vie et développe ses premières facultés par l'exercice ; c'est pour ainsi dire son temps d'incubation.

Il n'y a dans la série des êtres qu'une

sorte d'esprit plus ou moins développé et les animaux inférieurs sont dans leur succession comme des ébauches où ont été essayés les éléments mentaux qui ont trouvé dans l'homme leur complet épanouissement. L'âme humaine ne peut arriver à la perfection qu'en parcourant successivement les conditions des diverses existences, depuis la plus élémentaire à l'origine jusqu'aux degrés les plus élevés.

« L'étincelle de Dieu, l'âme, est dans toute « chose. Le monde est un ensemble où per- « sonne n'est seul ; tout corps masque un « esprit. L'homme n'est pas le seul qui soit « suivi d'une ombre. Tous, même le caillou « misérable, ont derrière eux une ombre, « une ombre devant eux. Tous sont l'âme « qui vit, qui a vécu, qui doit vivre. »

C'est des bas-fonds les plus lointains que monte l'étincelle immortelle. Qu'elle soit métallisée dans l'atome de la pierre, végétalisée dans la plante ou animalisée dans l'animal, la monade divine n'en est pas moins la future monade humaine qui, force aveugle dans le minerai, s'individualise dans le végétal, se polarise dans la sensibilité de l'animal, puis s'achemine vers la conscience ultérieure qui s'élabore à travers les humanités.

Tout dans l'univers concourt à cette

œuvre sublime de la progression de l'esprit, et toute création animée est une des formes de l'Esprit. Il n'y a plus ni plantes, ni animaux, ni hommes, ceci n'est que la forme matérielle.

A tous les degrés de l'échelle, l'Esprit est autonome et trouve en lui-même, dans sa nature divine, les forces nécessaires à ses besoins du moment. Végétal, il sait diriger ses racines là où elles peuvent trouver leur nourriture et son feuillage où il trouvera de l'air. Animal, il est gouverné par l'instinct, impulsion divine supérieure au raisonnement. Homme, le divin agit toujours en lui, mais oblitéré par la raison consciente pour tout ce qui a trait à sa conduite, à la direction qu'il lui plaît d'imprimer à son activité. Son autonomie devient de plus en plus complète au fur et à mesure de ses progrès.

Le progrès résulte du mouvement ascendant de tous les êtres. La vie s'accroît et se perfectionne par une série continue de transformations infinies et innombrables. Elle part de l'infiniment petit et marche vers l'infiniment grand.

L'animal est un homme en formation. L'homme est un animal arrivé, résumant en lui les trois mondes (minéral, végétal, animal).

L'âme des animaux est une incarnation de

l'intelligence universelle. Ce principe intelligent est soumis à la loi du progrès ; il
s'épure par des transformations successives,
puis il s'individualise peu à peu et devient
Esprit. C'est encore un Esprit matériel, mais
il a conquis son droit d'humanité. Il ne
s'incarne pas encore sur la terre, car il est
des mondes inférieurs à notre planète où les
humanités sont plus grossières et inférieures
à la nôtre. Dans son nouvel état, l'âme se
prépare à sa mission terrestre, et déjà revêtue des privilèges de tous les autres Esprits,
peut, dès ce moment, commencer son épuration. Quand cette âme n'est plus unie au
corps, c'est une sorte d'être errant, mais ce
n'est pas encore un Esprit errant. L'Esprit
qui vogue dans les espaces est une entité qui
pense et qui agit par sa propre volonté ; il
a conscience de lui-même. L'Esprit des animaux est, presqu'aussitôt après la mort du
corps qui le renfermait, réutilisé dans un
nouveau corps.

L'âme commence à se manifester réelle-
ment dans les animaux domestiques, qui sont
les auxiliaires de l'homme et qui apprennent
ainsi à devenir à leur tour des êtres intelligents, capables d'agir par eux-mêmes. L'âme
progresse ainsi de l'animalité à l'humanité. A
la raison animale, l'apprentissage ; à la raison humaine, l'exécution.

La destruction des êtres les uns par les autres se justifie par une utilité purement physique et par des considérations morales qui ont pour but le développement de l'intelligence par la lutte pour la satisfaction des besoins matériels ; mais la vraie vie de l'animal, comme celle de l'homme, n'est pas dans l'enveloppe corporelle ; l'âme n'est ni anéantie, ni altérée ; elle n'est que dépouillée de son enveloppe.

Le mort succède au vivant comme l'homme à l'animal. L'animal est un homme avec moins d'âme, l'homme est un animal en équilibre, le mort est un homme avec moins de matière, mais qui en possède encore. L'âme est permanente en existence, mais temporelle en forme matérielle.

L'âme est incarnée dans chacune de ses formes suivant les limitations inhérentes au degré d'évolution. Les moules successifs dans lesquels elle s'incarne ne sont que les étapes de sa marche ascensionnelle.

Dans l'animal l'Esprit n'est encore qu'à l'état d'ébauche ; dans l'homme il acquiert la connaissance et ne peut plus redescendre. Mais à tous les degrés il prépare et façonne son enveloppe ; les formes successives qu'il revêt sont l'expression de sa valeur propre.

Sous le rapport intellectuel et moral, le sauvage représente l'enfance de l'humanité, l'état rudimentaire de l'espèce, comme l'enfant représente l'état rudimentaire de l'individu.

Tous les hommes sont nés libres et égaux. Les possibilités de l'existence sont les mêmes pour tous, mais si toutes les personnalités sont les mêmes, en tant que produit de la nature, elles ne sont pas semblables entre elles comme produit humain. Les combinaisons multiples et variées qui peuvent être faites avec les éléments fondamentaux augmentés de ceux que fournit l'expérience de la vie, manifestent la diversité infinie possible de l'espèce primitive.

Si tous les Esprits sont créés doués de mêmes forces d'activité et de résistance, tous ne sont pas créés simultanément. La création des êtres humains, comme celle de tous les êtres, est incessante, de telle sorte que les inégalités qui nous frappent ne sont le plus souvent qu'apparentes. Les plus avancés sont la plupart du temps ceux qui ont vécu plus que d'autres entrés postérieurement dans le cadre de l'humanité. Cette inégalité est une condition indispensable du progrès. Les plus jeunes, qui sont en même temps les ignorants, ne peuvent avancer qu'avec l'aide des plus âgés qui sont nécessairement les plus instruits.

Les Esprits ont le même point de départ,

la même origine, la même destinée. Tous évoluent de la même manière, de la base au sommet. Les différences qui existent entre eux ne constituent pas des espèces distinctes, mais des degrés divers d'avancement. Les uns ont commencé plus tôt leur voyage de réascension ou ont fait plus d'efforts pour arriver au but ; les autres ont marché plus lentement.

Dieu n'a pas créé des âmes sauvages et des âmes civilisées, ce serait la négation de sa justice. Après la mort, l'âme du sauvage ne reste pas perpétuellement dans un état d'infériorité, pas plus qu'elle n'est au même rang que celle de l'homme éclairé. Avec le temps, par des incarnations successives de plus en plus perfectionnées, elle atteindra le degré de l'âme civilisée. « L'aube, cette « blancheur qui se fait dans la nuit, se fera « dans le nègre. Les plus vils ont pour loi « d'atteindre les plus hauts. Point de déshé- « rité, point de paria ! » Les Esprits qui constituent les races vivant encore à l'état sauvage sont entrées les dernières dans l'humanité. Mais tous, dans la suite des siècles, atteindront successivement les glorieux sommets de la vie.

Les âmes sont créées simples et ignorantes, c'est-à-dire sans science et sans connaissance du bien et du mal, mais avec une égale aptitude pour tout et susceptible, en vertu de leur libre arbitre, de prendre la route du bien ou celle du mal. Suivant l'usage que nous faisons de cette faculté, nous avançons ou nous restons stationnaires. Tous créés pareils à l'origine, nos forces sont égales, nous les dirigeons comme il nous plaît. Nous devenons bons ou méchants suivant que nous prenons le bon ou le mauvais chemin.

La vie de l'Esprit dans son ensemble parcourt les mêmes phases que nous voyons dans la vie corporelle : il passe graduellement de l'état d'embryon à celui de l'enfance, pour arriver par une succession de périodes, à l'état d'adulte, qui est celui de la perfection, avec cette différence qu'il n'a pas de déclin et de décrépitude comme dans la vie corporelle, et que sa vie, qui a eu un commencement, n'aura jamais de fin.

Ainsi, de nos jours, les âmes nouvellement formées s'incarnent dans les races inférieures et ne peuvent débuter que là. Des affinités naturelles les y attirent. Sur ce point encore, la loi de vie justifie Dieu. Il n'y a de différence pour aucun, d'indifférence ni d'injustice pour personne. Il y a les aînés et les nouveaux : ceux-ci qui ont monté, ceux-là qui montent.

Dans la double série des existences (pon-

dérable et impondérable) la progression de
l'être est déterminée par l'emploi qu'il fait
de ses forces morales. Mais il n'est responsable de ses actes qu'en proportion de sa
liberté, c'est-à-dire de son intelligence et de
sa raison.

La destinée de l'Esprit est la vie spirituelle ;
mais dans les premières phases de sa vie
corporelle il n'a que des besoins matériels à
satisfaire, et à cette fin l'exercice des passions est une nécessité pour la conservation
de l'espèce et des individus, matériellement
parlant. Mais, sorti de cette période, il a
d'autres besoins, besoins d'abord semi-mo-
raux, puis exclusivement moraux ; c'est alors
que l'Esprit domine la matière. S'il en secoue
le joug, il avance dans sa vie providentielle.
Si, au contraire, il se laisse dominer par
elle, il s'attarde en s'assimilant à la brute.
Dans cette situation, ce qui était jadis un bien,
parce que c'était une nécessité de sa nature,
devient un mal. Tout ce qui est qualité
chez l'enfance, devient défaut chez l'adulte.
Le mal est ainsi relatif, et la responsabilité
proportionnée au degré d'avancement.

La conception de l'évolution, loin d'amoin-
drir l'œuvre de Dieu, en fait ressortir toute
la majesté et toute la poésie ; elle relève
l'homme à ses propres yeux en lui faisant
connaître son origine, sa mission ici-bas et le

but qu'il doit atteindre ; elle lui démontre encore qu'il est le propre artisan de ses œuvres, l'arbitre de sa destinée; qu'il y a une justice immanente et permanente ici comme dans toutes les sphères de l'infini ; qu'il n'y a ni punitions ni récompenses dans le sens qu'y attachent certaines croyances, que ce que l'on entend par les actes spéciaux de Dieu ne sont que les anneaux de la chaîne sans fin et sans solution de continuité de causes et d'effets, que cette chaîne de causes et d'effets enveloppe tous les mondes et les unit en un seul, dont elle fait une unité infinie.

..

« Tout se meut, se soulève et s'efforce et gravit,
Se rehausse, et s'envole, et ressuscite et vit.
Rien n'est fait pour rester dans l'obscurité sourde.
L'âme en exil devient à chaque instant moins lourde
Et s'approche du ciel qui nous réclame tous.
D'heure en heure, pour ceux qui se sont faits plus doux,
La peine s'attendrit, l'ombre en bonheur se change ;
La bête est commuée en homme, l'homme en ange ;
Par l'expiation, échelle d'équité,
Dont un bout est nuit froide et l'autre bout clarté,
Sans cesse, sous l'azur que la lumière noie.
L'univers châtiment monte à l'univers joie.

                                        VICTOR HUGO.

L'incarnation est nécessaire au double progrès moral et intellectuel de l'Esprit : Au progrès intellectuel, par l'activité qu'il est obligé de déployer dans le travail ; au progrès moral, par le besoin que les hommes ont les uns des autres. La vie sociale est la pierre de touche des bonnes et des mauvaises qualités. La bonté, la méchanceté, la douceur, la violence, la bienveillance, la charité, l'égoïsme, l'avarice, l'orgueil, l'humilité, la sincérité, la franchise, la loyauté, la mauvaise foi, l'hypocrisie, en un mot tout ce qui constitue l'homme de bien ou l'homme pervers a pour mobile, pour but et pour stimulant les rapports de l'homme avec ses semblables ; pour l'homme qui vivrait seul, il n'y aurait ni vices ni vertus ; si, par l'isolement, il se préserve du mal, il annule le bien.

Mais l'Esprit ne peut acquérir dans une seule existence toutes les qualités morales et intellectuelles qui doivent le conduire au but. Nulle âme ne peut, dans une seule existence, dépouiller tous ses vices, toutes ses erreurs, vestiges de ses vies évanouies, preuves de son origine.

Le progrès de l'Esprit s'accomplit en passant par des mondes divers. Sa vie se compose d'une série d'existences corporelles dont chacune est pour lui une occasion de progrès quand il a su la mettre à profit.

A chaque nouvelle existence, l'Esprit apporte ce qu'il a acquis en intelligence et en moralité dans ses existences précédentes.

ainsi que les germes des imperfections dont
il n'a pu se dépouiller.

A mesure que l'Esprit progresse moralement il se dématérialise ; c'est-à-dire que se
soustrayant à l'influence de la matière, il
s'épure ; sa vie se spiritualise, ses facultés
et ses perfections s'étendent, et son bonheur est en raison du progrès accompli.
Mais comme il agit en vertu de son libre
arbitre, il peut, par négligence ou mauvais
vouloir, retarder son avancement ; il pro-
longe par conséquent, la durée de ses incarnations matérielles, qui deviennent pour lui
une punition, puisque par sa faute, il reste
dans les rangs inférieurs, obligé de recom-
mencer la même tâche.

Le passé est semblable à l'avenir : l'avenir
existe virtuellement dans le passé et l'éternité qui est devant nous est également derrière. Rien ne se crée dans la nature et rien
ne s'anéantit, pas plus dans le domaine de la
conscience, que dans celui de la force et de
la matière ; la conscience individuelle est
immortelle et elle se développe conformément aux lois naturelles dans et par une
évolution corrélative à l'évolution organique.

La nature s'étend à toute chose existante.
La vérité morale, la justice, la sagesse, la
vertu, existent dans la marche du monde,
aussi bien que la réalité physique. La justice

ordonne l'équité dans la distribution des
destinées et nos destinées ne s'accomplissent
point sur la planète terrestre. Le ciel empy-
rée n'existe pas.

Rien ne s'achève ici-bas. Chacun vient
passer à son tour, son heure sur la scène pour
reprendre l'œuvre commencée.

La mort n'aboutit ni à l'enfer ni au purgatoire ni à l'anéantissement de l'humanité
selon les théories réputées savantes.

L'homme étant immortel n'a pas à craindre le néant ni la souffrance éternelle. Son
individualité pensante étant indestructible,
une forme qui s'évanouit constitue la création d'une forme nouvelle, d'une transformation de l'être. Pas d'enfer, pas de purgatoire, pas de paradis, pas de point d'arrivée
définitivement angoissé ou béat, mais encore
et toujours la vie, l'effort, la lutte et l'éternelle ascension du moi vers le mieux.

La vérité est étrange, plus étrange que la
fiction : L'homme renaît, augmenté par son
courage, anobli par sa constance, élaboré
par ses peines. Il revient sur la terre pour
progresser à tous les degrés d'intelligence et
de moralité, depuis la sauvagerie qui côtoie
l'animal, jusqu'à la civilisation la plus avan-
cée.

Comme la progression des existences instinctives explique l'inégalité des premiers

êtres, la succession des vies morales explique l'inégalité des conditions humaines.

Tous les hommes ont parcouru les phases
traversées par le genre humain dans la
variété de leurs caractères modifiables et de
leurs aptitudes progressives, subissant les
conséquences de leurs chutes, ou jouissant
du résultat de leurs efforts. Nous étions les
générations du passé ; nous serons les générations de l'avenir ; nous récoltons ce que
nous avons semé autrefois ; ce que nous
semons aujourd'hui nous le récolterons
encore. La justice est là et non ailleurs.

Il faut qu'en des mondes plus élevés on
arrive avec une somme de connaissances
acquises ; il faut que le bonheur, auquel nous
aspirons tous, soit le fruit de notre travail et
de notre ardeur.

L'évolution progressive de l'âme dans ses
incarnations successives se fait en dehors de
toute influence surnaturelle. Elle est le résultat du jeu naturel de la vie, de l'exercice de
nos facultés diverses. Rien n'est perdu. Tout
travail, tout effort, toute joie, toute douleur,
ont leur répercussion sur l'âme, se gravant
indestructiblement, constituant une nouvelle
expérience, une augmentation du champ de
la conscience, c'est-à-dire un progrès.

L'âme tend au perfectionnement comme la
maladie tend à la guérison. La progression

est lente, la tâche laborieuse. Qu'il soit
matériel ou moral, le progrès ne procède
pas par ascension régulière. Toute formation
présente des temps d'arrêts, des élans, des
retours, des crises.

Dieu ne crée pas sur chaque globe une
race humaine. Le premier échelon du règne
animal reçoit la transfiguration humaine par
la force des choses, par la loi naturelle, qui
l'anoblit le jour où le progrès l'a amené à
un état de supériorité relative. Lorsqu'il est
arrivé à un degré suffisant d'élévation, qui
le rende susceptible d'entrer dans le service
du système du monde moral, l'Esprit, plus
ou moins développé, y apparaît.

Tout se tient, tout concorde, tout s'enchaîne. Il y a superposition d'ordres inégaux
en dignité et en lumière ; des sphères supérieures et maîtresses, des sphères inférieures
et subordonnées ; il n'y a pas de contradiction. L'âme humaine, en passant d'un ordre
à un autre, n'a rien à répudier ; elle n'a que
des limites à effacer. Elle monte vers des
réalités dont, auparavant, elle n'entrevoyait
que les images ; elle entre en possession de
substances dont elle ne connaissait que les
signes. Car la nature visible est symbolique
et elle est une prophétie en image de l'invisible avenir.

Dieu nous a créés simples et ignorants,

mais capables d'apprendre et aptes au progrès ; il a mis dans nos cœurs, pour diriger nos pas, nous pousser en avant, une force motrice, toujours en mouvement : la passion du mieux. C'est ainsi que l'Esprit est armé pour la lutte. Son mode d'existence, au début de la vie, est simple et restreint : l'infiniment petit ! mais tout est relatif. L'infiniment petit est le point de départ, la station première, d'où l'Esprit se déplace et s'exerce à la vie. Trébuchant dans le mal, se cramponnant au bien, tombant, se relevant, revêtant, tour à tour, des formes plus parfaites, des organes nouveaux, plus subtils, plus flexibles, l'Esprit se fortifie, élargit ses idées, hausse ses facultés, s'instruit, s'améliore, et voit derrière lui se dérouler la vie en un long chapelet d'existences diverses. A chacun de ses pas, le voile du destin devant lui se retire, découvrant à ses yeux l'œuvre du Créateur sous un aspect nouveau.

Lorsque l'Esprit a acquis sur un monde la somme de progrès que comporte ce monde, il le quitte pour s'incarner dans un autre plus avancé où il acquiert de nouvelles connaissances, et ainsi de suite jusqu'à ce que, l'incarnation dans un monde matériel ne lui étant plus nécessaire, il vive exclusivement de la vie spirituelle, où il progresse encore dans un autre sens et par d'autres moyens.

Arrivé au point culminant du progrès, quand il a définitivement vaincu la matière, développé toutes ses facultés spirituelles et trouvé par lui-même le principe et la fin de toute chose, il entre dans l'état divin par son union complète avec l'Intelligence suprême dont il est issu ; il participe au gouvernement des êtres et des choses, en contribuant par ses œuvres à l'harmonie universelle et à l'exécution du plan divin.

Tous les Esprits incarnés ou désincarnés, à quelque degré de la hiérarchie qu'ils appartiennent, depuis le plus petit jusqu'au plus grand, ont leurs attributions dans le grand mécanisme de l'univers ; tous sont utiles à l'ensemble, en même temps qu'ils sont utiles à eux-mêmes ; aux moins avancés incombe une tâche matérielle, d'abord inconsciente, puis graduellement intelligente. Partout l'activité dans le monde spirituel, nulle part l'inutile oisiveté. Partout la vie et le mouvement ; pas un coin de l'infini qui ne soit peuplé ; pas une région qui ne soit incessamment parcourue par d'innombrables légions d'êtres invisibles pour les sens grossiers des incarnés.

L'état spirituel est l'état normal de l'Esprit ; l'état corporel n'est que transitoire et passager. Son existence terrestre est une sorte de mort si on la compare aux splendeurs

et à l'activité de la vie spirituelle. La naissance est la mort de l'âme au monde des
causes et sa rentrée dans le monde matériel
ou des effets. La mort au contraire est la
véritable naissance de l'âme au monde spirituel. C'est à l'état spirituel que l'esprit
recueille les fruits des progrès accomplis par
son travail dans l'incarnation.

L'incarnation de l'Esprit n'est ni constante ni perpétuelle. En quittant un corps,
il n'en reprend pas un autre immédiatement; pendant un laps de temps plus ou
moins long, il vit de la vie spirituelle, sa
vie normale.

La réincarnation, heure douloureuse, passage des clairs espaces à la prison obscure,
est une nécessité de la vie spirituelle comme
la mort est une nécessité de la vie corporelle.

La naissance terrestre est une mort au
point de vue spirituel, la mort une résurrection divine. L'alternance des deux vies est
le nœud capital du drame de l'évolution, en
ce sens que chacune d'elles est à la fois la
conséquence et l'explication de sa contre-
partie. Les vies se suivent sans se ressembler, mais elles s'enchaînent avec une logique impitoyable.

Les lois inflexibles de la nature, ou plutôt
les effets résultant du passé de l'Esprit,

décident de sa réincarnation. L'Esprit inférieur, ignorant de ces lois, insouciant de
son avenir, subit machinalement son sort et
revient prendre sa place sur terre sous l'impulsion d'une force qu'il ne cherche même
pas à connaître. Dans la nature inférieure,
aucun choix ne saurait s'exercér, et l'être
retombe forcément sous l'empire des attrac-
tions qu'il a développées en lui. A mesure
que l'âme s'élève, elle acquiert une part plus
grande dans le contrôle de ses réincarna-
tions ; elle s'impose à elle-même celle qui
peut le mieux s'approprier à son degré
d'évolution. L'Esprit avancé ne subit plus
exclusivement le poids de la fatalité : il s'ins-
pire des exemples qui l'entourent dans la
vie fluidique, pèse les conditions bonnes ou
mauvaises de sa réapparition sur terre, pré-
voit les obstacles, les difficultés de la route.
Dans l'erraticité, la lourde matière ne nous
enlace plus ; elle n'a plus d'effet sur nos
sensations ; elle ne provoque plus les vulgaires soucis des besoins journaliers ; elle
n'engendre plus les appétits brutaux, les
basses fonctions de l'organisme humain ;
elle ne comprime plus les mouvements de
l'âme. N'ayant plus à compter avec les exi-
gences du monde corporel, l'Esprit redevenu
libre, reprend possession de sa science
acquise, rien n'arrête l'essor de son intelli-

gence et de ses facultés. Il voit quel est le
rang, la place qu'il occupe dans l'œuvre de
Dieu. Il aperçoit le but, les obstacles à vaincre, il sent ce qui lui manque, ce qu'il faut
acquérir pour devenir meilleur. Ayant son
libre arbitre, il réfléchit, délibère, combine
et fait choix de l'épreuve qu'il juge nécessaire à son avancement et qu'il croit en rapport avec ses facultés.

Les Esprits que la similitude des goûts,
l'identité du progrès moral et l'affection por-
tent à se réunir, forment des familles. Ces
mêmes Esprits, dans leurs migrations terrestres, se recherchent pour se grouper
comme ils le font dans l'espace ; de là naissent des familles unies et homogènes et si,
dans leurs pérégrinations, ils sont momentanément séparés, ils se retrouvent plus tard
heureux de leurs nouveaux progrès. Mais
comme ils ne doivent pas travailler seulement pour eux, des Esprits moins avancés
viennent s'incarner parmi eux pour y puiser
des conseils et des bons exemples. Ils y cau-
sent parfois du trouble, là est la tâche.

D'autres Esprits s'unissent à une même
famille non par sympathie, mais pour se
servir mutuellement d'épreuve et par punition de ce qu'ils ont été dans une précédente
existence. De là ces antipathies, ces répul-
sions instinctives que l'on remarque chez

certains enfants et qu'aucun acte antérieur
ne semble justifier.

Pour réparer le mal qu'il a fait, l'Esprit
éclairé et repentant se place volontairement
dans une position à endurer ce qu'il a fait
endurer aux autres : à être humilié s'il a été
orgueilleux, misérable s'il a été mauvais
riche, malheureux par ses enfants s'il a été
mauvais père, malheureux par ses parents
s'il a été mauvais fils, etc... L'Esprit renaît
riche ou pauvre, maître ou subordonné, libre
ou esclave, homme ou femme, soit dans des
milieux analogues à ceux où il a fait le mal,
dans des conditions où il sera exposé à
retomber dans les mêmes fautes, soit dans
des situations qui en sont la contre partie.

L'origine du sentiment appelé la conscience est un souvenir intuitif du progrès
accompli dans les précédentes existences,
et des résolutions prises par l'Esprit avant
l'incarnation, résolutions qu'il n'a pas toujours la force de tenir comme homme.

En règle générale, tous ceux qu'une tâche
commune réunit dans une existence, ont déjà
vécu ensemble pour travailler au même
résultat, et se trouveront encore réunis dans
l'avenir jusqu'à ce qu'ils aient atteint le but,
c'est-à-dire expié le passé, ou accompli la
mission acceptée.

Par des considérations d'un ordre plus

général, on renaît souvent dans le même
milieu, dans la même nation, dans la même
race, soit par sympathie, soit pour continuer avec les éléments déjà élaborés, les
études que l'on a faites, se perfectionner,
poursuivre des travaux commencés que la
brièveté de la vie ou les circonstances n'ont
pas permis d'achever. Cette réincarnation
dans le même milieu est la cause du caractère distinctif des peuples et des races ; tout
en s'améliorant, les individus conservent la
nuance primitive jusqu'à ce que le progrès
les ait complètement transformés.

L'interruption de la vie dès l'enfance est
quelquefois due à l'imperfection de la matière ; mais la mort de l'enfant est le plus
souvent pour les parents un châtiment, une
expiation. L'enfant qui meurt en bas-âge
peut être plus ou moins avancé puisqu'il a
déjà vécu dans des existences antérieures.
La mort ne l'affranchit pas des épreuves
qu'il doit subir, et il recommence une nouvelle existence sur la terre, dans le milieu
qu'il avait choisi ou dans un monde supérieur, selon son degré d'élévation ; et c'est
ainsi que souvent des parents redeviennent
les père et mère d'enfants qu'ils croient
avoir perdus sans retour.

Les individualités qui ont péri de mort
violente (accidents, suicides ou autres cau-

ses) reviennent rapidement sur notre terre
pour suivre et terminer une existence subitement interrompue.

Dans l'intervalle de ses incarnations, l'Esprit progresse en ce sens qu'il met à profit
pour son avancement les connaissances et
l'expérience acquises dans la vie corporelle;
il examine ce qu'il a fait pendant son séjour
terrestre, reconnaît ses fautes, dresse ses
plans et prend des résolutions d'après lesquelles il compte se guider dans une nouvelle existence en tâchant de faire mieux.

Il puise dans l'erraticité des connaissances
spéciales qu'il ne pourrait acquérir sur la
terre, ses idées s'y modifient. L'état corporel
et l'état spirituel sont pour lui la source de
deux genres de progrès solidaires l'un de
l'autre. Les Esprits n'étant que les âmes des
hommes, celles-ci n'ont point acquis la perfection en quittant leur enveloppe terrestre.
Le progrès de l'esprit ne s'accomplit qu'avec
le temps, et ce n'est que successivement
qu'il se dépouille de ses imperfections, qu'il
acquiert les connaissances qui lui manquent.
Il serait aussi illogique d'admettre que l'Esprit d'un sauvage ou d'un criminel, devient
tout à coup savant et vertueux, qu'il serait
contraire à la justice de Dieu de penser qu'il
restera perpétuellement dans l'infériorité.

Les Esprits qui peuplent les espaces trou-

vent partout l'emploi de leur intelligence et
de leurs facultés, partout ils ont un but, une
tâche à remplir dans l'œuvre du Très-Haut.
L'Esprit doit tout scruter, tout creuser, tout
comprendre, tout savoir, tout juger, dévoiler
les mystères de la création, surmonter la
matière et la rendre docile, se former au
contact des choses, au choc des passions,

Dans la vie terrestre, l'homme travaille à
sa propre restauration, à son avancement
intellectuel et moral; son activité, aussi
ardente qu'elle soit, ne peut dépasser son
globe, tandis que dans la vie réelle de l'erraticité l'homme étend ses préoccupations
aux autres planètes; il s'inquiète des intérêts
généraux de tous les mondes; il comprend
alors la solidarité qui doit unir tous les êtres
et tous les mondes.

Les vivants naissent des morts et les
morts des vivants. Le monde corporel et le
monde spirituel se déversent incessamment
l'un dans l'autre par les morts et les nais-
sances.

Il n'y a point de contradiction dans la
nature. C'est faute de pénétration que nous
concilions si peu de chose. Les forces de la
nature qui dans leur insouciante impassibi-
lité, semblent s'affranchir de tout contrôle,
n'agissent pas aveuglément. Les Êtres qui
les dirigent et les utilisent n'oublient pas

plus leur rôle d'agents de la suprême justice
que celui d'instruments de la compassion
divine. Dans nos pires épreuves ce n'est pas
Dieu qui nous frappe, mais c'est nous-même
qui nous punissons, et dans ces cataclysmes
eux-mêmes qui épouvantent les peuples et
où semblent se déchaîner, aveugles et irré-
sistibles, toutes les violences d'une nature
en délire, l'œil d'un Voyant saurait ratta-
cher les effets a leurs causes et ne verrait
là, où nous ne voyons que désordre et dis-
location, que l'accomplissement normal de
la loi. Ce ne sont, du reste, que les formes
périssables qu'anéantissent les pires catas-
trophes, tandis que les âmes immortelles
n'en poursuivent pas moins leur progressive
évolution qui, par le fait même de ces perturbations de leur destinée, sont souvent
poussées plus rapidement dans la voie de
leur perfectionnement.

Les fléaux destructeurs et les cataclysmes
sont des occasions d'arrivées et de départs
collectifs, des moyens providentiels de
renouveler la population corporelle du globe;
de la retremper par l'introduction de nou
veaux éléments spirituels plus épurés.

Les rénovations rapides et presque ins-
tantanées qui s'opèrent dans l'élément spirituel de la population par suite des fléaux
destructeurs, hâtent le progrès social. Sans

les émigrations et les immigrations qui viennent de temps à autre lui donner une violente impulsion, il marcherait avec une extrême lenteur.

Les Esprits qui composent notre monde ne sont que les hommes d'autrefois revenant subir les conséquences de leurs vies antérieures, avec les responsabilités qu'elles entraînent.

Il y a deux mondes, le monde pondérable et le monde impondérable, le monde des corps et le monde des Esprits. Les Esprits revêtus de corps matériels, constituent l'humanité ou monde corporel visible ; dépouillés de ces corps, ils constituent le monde invisible qui peuple l'espace, et au milieu duquel nous vivons sans nous en douter, comme nous vivons au milieu du monde des infiniment petits, que nous ne soupçonnions pas avant l'invention du microscope.

Les Esprits ne sont donc point des êtres abstraits, vagues et indéfinis, mais des êtres concrets, circonscrits auxquels il ne manque que d'être visibles pour ressembler aux humains ; d'où il suit que si, à un moment donné, le voile qui les dérobe à la vue pouvait être levé, ils formeraient pour nous toute une population environnante.

Les Esprits sont partout, toutes les régions de l'univers en sont peuplées ; ils sont parmi nous, à nos côtés, nous coudoyant et nous observant sans cesse. Ils agissent sur les hommes d'une manière occulte par les pensées qu'ils leur suggèrent et par certaines influences. Ils jouent un rôle important dans le monde moral et jusqu'à un certain point dans le monde physique ; ils constituent ainsi une des puissances de la nature.

La terre est la reproduction de ce qu'il y a dans l'au delà ; il n'y a rien dans l'invisible qui ne soit figuré sur la terre. Le monde invisible est le reflet de l'humanité. Il participe par la pensée à nos joies, à nos peines. Parents, amis, indifférents, tous subsistent et sont ramenés par l'attraction des habitudes et des souvenirs vers les lieux et vers les hommes qu'ils ont connus.

L'action du monde visible sur le monde invisible et réciproquement est une des lois, une des forces de la nature, nécessaire à l'harmonie universelle, comme la loi d'attraction.

Rien ne. se perd, pas un atome de la matière, pas un atome de la pensée, et les âmes, toujours vivantes et agissantes, sont en continuelles relations avec les âmes incarnées.

Chaque globe a sa population propre en Esprits incarnés et désincarnés, qui s'alimente en partie par l'incarnation ou la désincarnation des mêmes Esprits. Chaque planète a un monde fluidique adapté et correspondant par ses conditions et ses éléments particuliers à cette planète.

Autour des mondes avancés, abondent des Esprits supérieurs. Autour des mondes arriérés, comme la terre, pullulent des Esprits inférieurs. Leur action malfaisante fait partie des fléaux auxquels l'humanité est en butte.

Dans cette immensité sans bornes le Ciel est partout : nulle enceinte ne lui sert de limites ; les mondes heureux sont les dernières stations qui y conduisent ; les vertus en frayent le chemin ; les vices en interdisent l'accès.

Les Esprits forment dans l'espace des groupes ou familles réunies par l'affection, la sympathie et la similitude des sentiments. C'est tout un monde dont le nôtre est le reflet obscur. Ils se voient et se comprennent. Ils échangent leurs idées sans effort avec une rapidité vertigineuse. Ils constatent leur individualité par le périsprit, qui en fait des êtres distincts les uns des autres, comme le corps parmi les humains. Le fluide universel établit entre eux une communication constante ; c'est le véhicule de la transmission de la pensée, comme l'air est le véhicule du son. La faculté de voir réside dans tout leur être comme la lumière réside dans toutes les parties d'un corps lumineux. La faculté d'entendre est aussi dans tout leur

être comme celle de voir. Ils sont doués
d'une faculté de vision particulièrement complexe en ce sens qu'ils ne voient pas seulement comme nous, un seul aspect des choses, mais plusieurs simultanément. C'est
ainsi que toutes les particules intérieures d'un
corps solide sont aussi parfaitement perçues
par eux que le sont celles qui constituent sa
surface. Toutes les perceptions sont des attributs de l'Esprit et font partie de son être.
Lorsqu'il est revêtu d'un corps matériel, elles
ne lui arrivent que par le canal des organes,
mais à l'état de liberté elles ne sont plus
localisées. Les Esprits ont des sensations qui
nous sont inconnues ; ils voient et entendent
des choses que nos sens limités ne nous per-
mettent ni de voir ni d'entendre. Toutes nos
pensées se répercutent en eux et ils y lisent
comme dans un livre ouvert.

L'Ame n'a pleine mémoire, pleine possession d'elle-même, que dans sa vie normale,
la vie céleste, c'est-à-dire entre ses incarnations. Lorsqu'elle a atteint la maturité de la
raison et la plénitude du jugement, elle voit
non seulement sa vie terrestre, mais encore
ses autres existences antérieures. L'Être se
contemple lui-même, revoit une à une, à travers les temps, ses existences évanouies, ses
chutes, ses ascensions, ses stations innombrables. Mais quelqu'infime degré qu'elle

occupe dans la vie morale, l'âme se souvient de la carrière qu'elle vient d'accomplir.

Dans la vie terrestre, la mémoire est simple, puisqu'elle ne s'étend au delà de chaque vie terrestre, tandis qu'elle est composée dans la vie éthérée ; dans l'erraticité les événements de l'un et l'autre monde sont toujours présents à la mémoire, rien ne peut les interrompre.

Au réveil de chaque jour de la vie présente, le corps reprend possession de ses facultés. Les impressions oubliées pendant le sommeil reviennent à la mémoire. De même à la mort, qui est le réveil à la véritable vie ; l'âme en quittant son corps qui la retenait captive et la privait de la mémoire générale, redevient maîtresse de toutes ses facultés.

Les vies terrestres sont reliées à la vie éthérée sans aucune lacune ni discontinuité ; elles ne forment qu'un tout de leur ensemble, qu'une seule et même existence. C'est ainsi que, dans l'espace, nous sommes doués d'une mémoire si infaillible que rien ne peut l'obscurcir ; c'est ainsi que l'immortalité se manifeste dans toute sa réalité.

Les Esprits se classent dans l'espace en raison de la densité de leur corps fluidique, corrélatif à leur degré d'avancement et d'épuration. Leur situation est déterminée par des lois précises. Ces lois jouent dans le domaine moral, un rôle analogue à celui que remplissent, dans l'ordre physique, les lois d'attraction et de pesanteur. La justice règne dans ce domaine, comme l'équilibre dans l'ordre matériel. Il n'y a ni maîtres ni esclaves ; la supériorité morale et intelligente établit seule la différence des conditions et donne la suprématie.

La situation que l'Esprit occupe dans l'espace, représente la somme de ses progrès et donne la mesure de sa valeur. Le principe d'affinité règle tout, y fixe chacun à sa place. Ni jugement ni tribunal, rien. que la Loi immuable, s'exécutant d'elle-même, par le jeu naturel des forces spirituelles et selon l'emploi qu'en a fait l'âme libre et responsable.

L'Esprit désincarné porte en lui son ciel et son enfer. La preuve de son élévation ou de son abaissement est écrite sur son corps fluidique, mis à nu, percé à jour. Ses pensées se réfléchissent dans son périsprit comme une image dans un miroir.

.•.

Le corps, considéré dans son principe d'existence, n'est autre chose qu'un mécanisme entièrement inerte par lui-même, qui

ne doit son activité et le fonctionnement
de ses divers organes qu'à la présence d'une
puissance motrice qui réside en lui et qui
est l'âme.

L'âme humaine, associée au corps humain
pour pouvoir vivre de la vie terrestre, est
formée d'une substance dont la ténuité est
si grande que, par elle-même, elle demeure
sans action sur la matière. Aussi, à l'état
animique pur et simple, l'être humain serait-
il entièrement impropre à participer à ce qui
s'accomplit matériellement sur le globe terrestre ; c'est pourquoi la nature l'a pourvu
d'un mécanisme organique qui est un intermédiaire entre son âme et la matière extérieure que cette âme ne saurait soumettre
autrement, c'est-à-dire d'une enveloppe fluidique qui fait en quelque sorte partie inté-
grante de l'Esprit, enveloppe semi-matérielle
puisée dans le fluide cosmique universel, trait
d'union entre l'Esprit et la matière.

Le fluide périsprital pénètre le corps dans
toutes ses parties et sert de véhicule aux
sensations physiques de l'âme ; c'est par cet
intermédiaire que l'âme agit sur le corps et
en dirige les mouvements. Il joue un rôle si
important dans l'organisme et dans une foule
d'affections, qu'il se lie à la physiologie aussi
bien qu'à la psychologie.

Comme le germe du fruit est entouré du

périsperme, l'Esprit proprement dit est entouré du périsprit. Ce corps fluidique, vaporeux, diaphane, invisible dans l'état normal, peut devenir momentanément visible dans certains cas par une espèce de condensation ou de disposition moléculaire. Le périsprit se comporte comme la vapeur, qui est invisible lorsqu'elle est raréfiée et devient parfaitement visible aussitôt condensée. Le périsprit n'est point renfermé dans les limites du corps comme dans une boîte ; par sa nature fluidique il est expansible, il rayonne au dehors et forme autour du corps une sorte d'atmosphère que la pensée et la force de la volonté peuvent étendre plus ou moins ; d'où il suit que des personnes qui ne sont point en contact corporellement peuvent l'être par leur périsprit et se transmettre à leur insu leurs impressions, quelquefois même l'intuition de leurs pensées.

Le périsprit étant un des éléments constitutifs de l'homme, joue un rôle important dans tous les phénomènes psychologiques et jusqu'à un certain point dans les phénomènes physiologiques et pathologiques. Quand les sciences médicales tiendront compte de l'élément spirituel dans l'économie, elles auront fait un grand pas et des horizons tout nouveaux s'ouvriront devant elles ; bien des causes de maladies seront alors expliquées et de puissants moyens de les combattre seront trouvés.

Le périsprit est la forme préexistante et survivante du corps humain sur laquelle se modèle l'enveloppe charnelle comme un double vêtement invisible. Il est formé d'une matière quintessenciée qui pénètre tous les corps quelque impénétrables qu'ils paraissent. Il assure le maintien de la structure humaine et des traits de la physionomie. Il joue le rôle d'un canevas, d'un moule compressible et expansible sur lequel les molécules viennent s'incorporer et qui prête sa forme à la matière. De là découlent les conditions physiologiques de la renaissance. Les qualités ou les défauts du moule reparaissent dans le corps physique, qui n'est, dans la plupart des cas, qu'une laide et grossière copie du périsprit.

L'enveloppe périspritale du même Esprit se modifie avec le progrès moral de celui ci à chaque incarnation, bien que s'incarnant dans le même milieu.

L'esprit fait sa forme ; il est l'artisan de son propre corps qu'il façonne afin de l'approprier à ses besoins et à la manifestation de ses tendances.

La perfection du corps des races avancées n'est pas le produit de créations distinctes, mais le résultat du travail de l'Esprit, qui perfectionne son outillage à mesure que ses facultés augmentent.

Les Esprits puisent leur périsprit dans le milieu où ils se trouvent ; c'est-à-dire que cette enveloppe est formée de fluides ambiants ; elle tient à la fois de l'électricité, du fluide magnétique et jusqu'à un certain point, de la matière inerte.

Formé dans les bas-fonds de l'animalité, l'être périsprital gravit lentement l'échelle des espèces pour arriver à l'humanité. De vies en vies, à mesure que les facultés s'étendent, que les aspirations s'épurent, que le champ des connaissances s'agrandit, il s'enrichit de sens nouveaux.

La constitution intime du périsprit n'est pas identique chez tous les Esprits incarnés ou désincarnés qui peuplent la terre ou l'espace environnant. Selon que l'Esprit est plus ou moins épuré lui-même, son périsprit se forme des parties les plus pures ou les moins grossières du fluide propre au monde où il s'incarne.

La supériorité de l'Esprit se reconnaît à son vêtement fluidique. La nature de l'enveloppe fluidique est toujours en rapport avec le degré d'avancement moral de l'Esprit ; elle est plus ou moins éthérée selon les mondes et selon l'état d'épuration de l'Esprit. Les Esprits arriérés ont d'épaisses enve-

loppes imprégnées de fluides matériels. Les
passions basses et vulgaires réagissent sur
le périsprit, l'alourdissent, le rendent plus
dense et plus obscur.

En quittant l'espace qui environne la terre,
l'Esprit y laisse son enveloppe fluidique et
en revêt une autre appropriée au monde où
il doit aller. En passant d'un monde à l'autre
il se revêt de la matière propre à chacun
avec la rapidité de l'éclair par l'intermédiaire de son périsprit qui condense en lui
la force vitale spéciale à chaque sphère.

L'autre monde a ses limbes comme celui-
ci, ses étages inférieurs et ses sphères lumi-
neuses. Chacun va dans la sphère où sa
pesanteur tombe.

Suivant que les Esprits sont plus ou moins
épurés et dégagés des liens matériels, le
milieu où ils se trouvent, l'aspect des choses,
les sensations qu'ils éprouvent, les perceptions qu'ils possèdent varient à l'infini.
Tandis que les uns ne peuvent s'éloigner de
la sphère où ils ont vécu, d'autres s'élèvent
et parcourent l'espace, heureux de jouir du
sublime spectacle de l'infini.

Les Esprits inférieurs, enveloppés, grossiers, matériels, séjournent dans les bas-fonds
de la vie impondérable où, là, comme ici, la
fatalité les retient. Ils n'ont pas même conscience de la lumière d'en haut qui les ébloui-

rait sans les éclairer. D'autres restent à la surface de la terre comme les incarnés, croyant toujours vaquer à leurs occupations, subissant les lois de la gravitation, attirés vers la matière. Alourdis par la densité de leurs fluides, ils restent comme attachés au monde où ils ont vécu, circulant dans son atmosphère ou se mêlant aux humains. L'influence de la matière les suit au delà de la tombe et la mort ne met pas un terme à leurs appétits, que leur vue, aussi bornée que sur la terre, cherche en vain le moyen de satisfaire.

D'autres, un peu plus dématérialisés, ne le sont cependant pas assez pour s'élever au-dessus des régions terrestres ; âmes tourmentées qui s'efforcent de trouver le chemin du ciel, et qu'une invincible fatalité force à planer non loin de la terre, autour de la demeure des hommes, ils flottent entre la vérité et l'erreur, l'ombre et la lumière ; ils montent cependant peu à peu, comprennent et voient ; et plus ils progressent plus ils aspirent, attendant l'heure de la réincarnation.

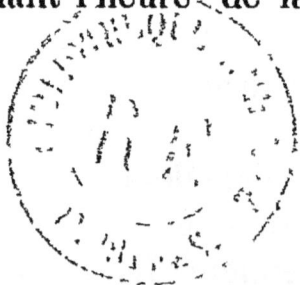

.˙.

> Toutes nos connaissances ne sont que des
> réminiscences des idées antérieures qui nous
> étaient connues dans un autre monde où
> nous avons déjà vécu avant de venir ani-
> mer le corps que nous habitons dans ce
> monde.
>
> PLATON.

Lorsque l'Esprit doit s'incarner dans un
corps humain en voie de formation, un lien
fluidique qui n'est autre chose qu'une expan-
sion de son périsprit, le rattache au germe
vers lequel il se trouve attiré par une force
irrésistible, par une mystérieuse affinité, dès
le moment de la conception. A mesure que
le germe se développe, le lien se resserre ;
le périsprit, qui possède certaines propriétés
de la matière, s'unit molécule à molécule
avec le corps qui se forme.

La fusion mystérieuse de l'Esprit et de la
matière s'accomplit graduellement, savam-
ment, organe par organe, fibre après fibre.
A mesure que l'âme se replonge dans ces
densités inférieures, la conscience de sa vie
divine s'efface, finit par s'éteindre, tandis que
s'opère lentement dans l'incubation mater-
nelle la moléculaire pénétration.

Quand le germe est entièrement développé,
l'union est complète et l'Esprit naît à la vie
extérieure.

Par un effet contraire, cette union du périsprit et de la matière charnelle, qui s'était
accomplie sous l'influence du principe vital
du germe et qui n'était maintenue que par
une force agissante, cesse quand cette force
cesse d'agir par suite de la désorganisation
du corps ; alors le périsprit se dégage molécule à molécule comme il s'était uni et l'Esprit est rendu à la liberté.

Dès que l'Esprit est saisi par le lien fluidique qui le rattache au germe, le trouble s'em-
pare de lui ; ce trouble croît à mesure que
le lien se resserre, et, dans les derniers
moments, l'Esprit perd toute connaissance
de lui-même. Au moment où l'enfant respire,
l'Esprit commence à retrouver ses facultés,
qui se développent à mesure que se forment
les organes qui doivent servir à leur manifestation.

Mais en même temps que l'Esprit recouvre
la conscience de lui-même, il perd le souvenir du passé, sans perdre les facultés, les
qualités et les aptitudes acquises antérieurement et qui, en reprenant leur activité,
vont l'aider à faire plus et mieux qu'il n'a
fait précédemment. Il renaît ce qu'il s'est
fait par son travail antérieur ; il ne perd
rien de ce qu'il a acquis ; il n'oublie que la
manière dont il l'a acquis ; mais il apporte
aussi en renaissant le germe de ses imper-

fections, qui se traduisent par des instincts natifs, ses propensions à tels ou tels vices. Dès le berceau, l'enfant manifeste les instincts bons ou mauvais qu'il apporte de son existence antérieure. C'est là son véritable péché originel, dont il subit naturellement les conséquences, mais avec cette différence qu'il porte la peine de ses propres fautes et non celle de la faute d'un autre.

Le péché originel n'est pas une fantaisie de l'esprit ; sous ce symbole se cache une vérité, mais qui n'est accessible aux esprits de la multitude que sous la forme anthropomorphique enfantine sous laquelle elle leur est présentée. Nous sommes bon gré mal gré les fils de nos œuvres ; nous héritons de nous-mêmes, nous récoltons dans la vie actuelle ce que nous avons semé dans des vies antérieures.

L'oubli du passé étant la condition indispensable de toute épreuve et de tout progrès, le cerveau, organe matériel de la pensée pendant la vie terrestre, ne peut recevoir que les impressions communiquées par l'Esprit à l'état de captivité dans la matière.

Le cerveau ne contenant que ce qui est venu l'impressionner dans cette vie, l'Esprit qui le fait jouer à son gré ne peut faire reproduire que ce qui le contient. La connaissance des faits antérieurs à la présente vie n'a jamais frappé le présent cerveau qui n'existait pas ; c'est un cerveau neuf et l'Esprit qui le dirige lui est rigoureusement solidaire. L'Esprit n'apporte dans ce nouvel état d'existence que les qualités mentales en rapport avec celles de sa situation nouvelle ; mais cet oubli n'est que momentané : le souvenir du passé tout entier reste intégralement conservé dans la substance essentielle de l'âme, pour reparaître après la mort, d'autant plus étendu que l'être est plus élevé.

La vie éthérée étant seule réelle, seule complète, seule attrayante et seule vraiment heureuse, il est nécessaire que nous en perdions le souvenir quand nous nous incarnons sur la terre. La vie terrestre serait insupportable si nous avions constamment à la mémoire les beautés de la vie de l'espace. Les affections que nous y avons laissées, toujours présentes à nos souvenirs, seraient un véritable supplice. Il est juste et rationnel que pendant chaque existence terrestre le souvenir ne la dépasse pas, parce que ces existences ne sont que des fractions de notre vie entière.

Si l'Esprit ne perdait pas la mémoire en entrant dans la vie, la mort cesserait pour lui d'être redoutable, car il verrait derrière elle tout ce que la vie lui cache, et loin de la craindre il l'appellerait. Or, il faut qu'il reste dans la vie pour accomplir sa tâche.

L'oubli périodique du passé est une aide puissante pour la progression de l'homme ; allégé chaque fois du poids de ses fautes, de la honte de ses remords, de la tyrannie de ses préjugés, de la tradition de ses haines, il marche plus librement vers le bien.

Le souvenir du passé porterait la perturbation dans les rapports sociaux et serait une entrave au progrès. En remontant la chaîne de leurs existences, la trame de leur propre histoire, les hommes retrouveraient la trace des actions de leurs semblables. Les inimitiés se perpétueraient, les rivalités, les haines, la discorde, se raviveraient de vies en vies, de siècles en siècles. Le voile de l'oubli les cache les uns aux autres, efface de leur mémoire de pénibles souvenirs qui seraient pour eux une source de troubles et de souffrances.

Les âmes incarnées sur la terre ne sont pas encore arrivées à un état d'avancement assez élevé pour que le souvenir de leur état antérieur pût leur être utile. La connaissance du passé entraverait le libre arbitre de l'homme et le paralyserait dans le travail qu'il doit accomplir pour son progrès. Il lui serait difficile de remplir son rôle sur la terre s'il se souvenait de celui qu'il a rempli dans l'existence précédente. Il ne pourrait porter sans fléchir le fardeau de ses crimes et de ses douleurs. L'être serait troublé par les réminiscences des premières phases qu'il a traversées ; sa mémoire l'entraverait au lieu de le servir s'il devait traîner après soi même au sein d'une vie meilleure, l'ombre souillée de son passé. C'est une vue supérieure qui ne doit se développer que dans la pleine lumière.

Chaque existence est un nouveau point de départ où l'homme est ce qu'il s'est fait. C'est un homme nouveau s'appuyant sur de nouveaux errements, aidé de ce qu'il a acquis.

Mais l'Esprit incarné a comme l'intuition de son passé. Ses tendances naturelles sont comme des réminiscences de ses instincts, de ses penchants. Nous ne sommes pas égaux en arrivant en ce monde. Il y a autant de diversité entre les âmes qu'entre les corps. Faiblement ou fortement accusée, cette dissemblance de caractère, qui ne dépend ni de la famille, ni de la race, ni de l'éducation, ni de l'état corporel, se manifeste chez tous les hommes. Les uns naissent intelligents ou géniaux, les autres médiocres ou imbéciles, les uns doués de qualités morales, les autres de tous les défauts. Chaque enfant apporte en naissant des facultés différentes, des prédispositions spéciales, qui ne s'expliquent que par des travaux antérieurement accomplis par des âmes libres. Les idées innées, indépendantes du milieu où l'on est élevé, sont la résultante des connaissances acquises dans les existences antérieures et qui servent de base à l'acquisition de nouvelles idées. Le milieu et l'éducation développent les idées innées, mais ne les donnent pas. L'éducation ne donne point à l'homme un autre cœur, elle ne change rien dans son fond et ne touche qu'aux superficies.

Les hommes de génie qui apportent en naissant des facultés transcendantes et des connaissances innées, qu'un peu de travail suffit pour développer, ne sont pas ceux auxquels le hasard a donné la matière cérébrale en plus grande quantité et de meilleur qualité, mais sont des Esprits avancés qui ont vécu plus longtemps, qui ont par conséquent plus acquis et plus progressé. Ils se réincarnent pour faire profiter les autres de ce qu'ils savent, pour aider les inhabiles, les guider, les pousser, les conduire au progrès, les fixer dans le bien, leur être secourables.

Nul n'est créé supérieur aux autres. La destinée humaine n'est point un don fortuit échéant au hasard, un présent qu'on obtient sans l'avoir mérité, mais le fruit du travail, l'expérience acquise, le produit, le savoir d'existences vécues, où l'Esprit ballotté par les événements, s'aiguise et s'aguerrit, s'ouvre à l'intelligence, conjure les périls, détermine les faits et finit par subir les plans du Créateur.

La science et la religion sont muettes sur le phénomène physiologique de la séparation de l'âme et du corps. Il manque à l'une et à l'autre la connaissance des lois qui régissent les rapports de l'Esprit et de la matière ; l'une s'arrête au seuil de la vie spirituelle, l'autre à celui de la vie matérielle. La connaissance du lien fluidique qui unit l'âme et le corps est la clef de ce phénomène, comme de beaucoup d'autres.

La matière inerte est insensible ; l'âme seule éprouve les sensations du plaisir et de la douleur. Pendant la vie, toute désagrégation de la matière se répercute dans l'âme qui en reçoit une impression plus ou moins douloureuse. C'est l'âme qui souffre et non le corps ; celui-ci n'est que l'instrument de la douleur ; l'âme est le patient. Après la mort, le corps étant séparé de l'âme peut être impunément mutilé, car il ne ressent rien ; l'âme en étant isolée, ne reçoit aucune atteinte de la désorganisation de ce dernier ; elle a ses sensations propres dont la source n'est pas dans la matière tangible.

Le périsprit est l'enveloppe fluidique de l'âme, dont il n'est séparé ni avant ni après

la mort et avec laquelle il ne fait pour ainsi
dire qu'un, car l'un ne peut se concevoir sans
l'autre. L'extinction de la vie organique amène
la séparation de l'âme et du corps par la
rupture du lien fluidique qui les unit ; mais
cette séparation n'est jamais brusque ; le
fluide périsprital se dégage peu à peu de tous
les organes, de sorte que la séparation n'est
complète et absolue que lorsqu'il ne reste
plus un seul atôme du périsprit uni à une
molécule du corps. La sensation douloureuse
que l'âme éprouve en ce moment est en
raison de la somme des points de contact qui
existent entre le corps et le périsprit, et du
plus ou moins de difficulté et de lenteur que
présente la séparation.

Si au moment de l'extinction de la vie
organique, le dégagement du périsprit était
complètement opéré, l'âme ne ressentirait
absolument rien. Si à ce moment la cohésion des deux éléments est dans toute sa
force, il se produit une sorte de déchirement
qui réagit douloureusement sur l'âme ; si au
contraire la cohésion est faible, la séparation
est facile et s'opère sans secousse.

Dans le passage de la vie corporelle à la
vie spirituelle, il se produit un autre phénomène d'une importance capitale ; c'est celui
du trouble, phénomène naturel dont les résultats psychiques sont toujours intimement liés

au genre de vie, au caractère et aux croyances de l'individu. A ce moment l'âme éprouve un engourdissement qui paralyse momentanément ses facultés et neutralise, en partie du moins, les sensations ; elle est pour ainsi dire cataleptisée, de sorte qu'elle n'est presque jamais témoin conscient du dernier soupir. La durée de ce trouble est indéterminée, elle varie de quelques heures à quelques années. A mesure qu'il se dissipe, l'âme est dans la situation d'un homme qui sort d'un profond sommeil ; les idées sont confuses, vagues et incertaines ; on voit comme à travers un brouillard, peu à peu la vue s'éclaircit, la mémoire revient et l'on se reconnaît.

L'état moral de l'âme est la cause principale qui influe sur le plus ou moins de facilité du dégagement. L'affinité entre le corps et le périsprit est en raison de l'attachement de l'Esprit à la matière.

Si l'âme a vécu dans l'égoïsme et s'est alourdie dans les bas instincts de la vie animale, elle voit avec horreur approcher le moment de la séparation ; elle s'attache avec désespoir à ce corps pour lequel elle a vécu, et ne veut pas le quitter ; si, au contraire, elle s'est spiritualisée dans ses sentiments, elle voit avec bonheur approcher l'heure de sa délivrance.

Dans la mort naturelle, celle qui résulte

de l'extinction des forces vitales par l'âge ou
la maladie, le dégagement s'opère graduellement. Chez l'homme dont l'âme est dématé-
rialisée et dont les pensées se sont détachées
des choses terrestres, le dégagement est presque complet avant la mort réelle ; le corps
vit encore de la vie organique que l'âme est
déjà entrée dans la vie spirituelle et ne tient
plus au corps que par un lien si faible qu'il
se rompt sans peine au dernier battement de
cœur. Pour lui le trouble est presque nul ;
ce n'est qu'un moment de sommeil paisible,
d'où il sort avec une indicible impression de
bonheur et d'espérance.

Chez l'homme matériel et sensuel, celui
qui a plus vécu par le corps que par l'esprit, pour qui la vie spirituelle n'est rien,
pas même une réalité dans sa pensée, tout
a contribué à resserrer les liens qui l'attachent à la matière ; rien n'est venu les relâ-
cher pendant la vie. Aux approches de la
mort, le dégagement s'opère aussi par degrés,
mais avec des efforts continus. L'Esprit s'attache d'autant plus à la vie corporelle qu'il ne
voit rien au delà ; il sent qu'elle lui échappe
et il veut la retenir ; au lieu de s'abandon-
ner au mouvement qui l'entraîne, il résiste
de toutes ses forces ; il peut ainsi prolonger
la lutte pendant des jours, des semaines et
des mois entiers. Dans ces moments, l'Esprit

n'a pas, sans doute, toute sa lucidité, le trouble a commencé longtemps avant la mort ;
mais il n'en souffre pas moins, et le vague
où il se trouve, l'incertitude de ce qu'il en
adviendra de lui, ajoutent à ses angoisses.
La mort arrive, et tout n'est pas fini : le
trouble continue ; il sent qu'il vit, mais il
ne sait si c'est de la vie matérielle ou de la
vie spirituelle ; il lutte encore jusqu'à ce que
les dernières attaches du périsprit soient
rompues.

Dans la mort violente, les conditions ne
sont pas exactement les mêmes. Aucune
désagrégation partielle n'a pu amener une
séparation préalable entre le corps et le périsprit ; la vie organique, dans toute sa force,
est subitement arrêtée, le dégagement du
périsprit ne commence donc qu'après la
mort, et dans ce cas comme dans les autres,
il ne peut s'opérer instantanément. L'Esprit
saisi à l'improviste, est comme étourdi, mais
il éprouve toutes les sensations de la vie
organique et ne croit pas être mort ; il va
auprès des personnes qu'il affectionne, leur
parle et ne conçoit pas pourquoi elles ne
l'entendent pas. Pour lui la mort est syno-
nyme de destruction; or, comme il pense,
qu'il voit, qu'il entend, à son sens il n'est pas
mort ; et ce qui augmente son illusion, c'est
qu'il se voit un corps semblable au précédent,

mais dont il n'a pas encore eu le temps d'étudier la nature éthérée.

Les sensations qui précèdent et suivent la mort sont infiniment variées et dépendent surtout du caractère, des mérites de l'élévation morale de l'Esprit qui quitte la terre. L'Esprit souffre d'autant plus que le dégagement du périsprit est plus lent et la promptitude du dégagement est en raison du degré d'avancement moral de l'Esprit.

La mort n'est pas une annihilation ; elle n'est pas non plus un changement qui donne à l'âme toutes les vertus, toutes les perfections, tous les pouvoirs et la met en possession d'un bonheur qui réalise tous les désirs. Ce serait une erreur de croire que les Esprits, en quittant leur corps matériel, sont subitement frappés de la lumière de vérité. Dans ce phénomène de la mort, il ne s'opère qu'un changement de situation matérielle ; au moral, l'Esprit est exactement ce qu'il était auparavant ; il n'a subi aucune modification sensible ; son intelligence grande ou médiocre ne se modifie en rien ; ses idées, ses dispositions, ses désirs, ses goûts, ses aspirations, demeurent ce qu'ils étaient, comme aussi ses préjugés, ses erreurs et ses passions. Les changements que l'Esprit peut subir ne s'opèrent que graduellement par l'influence de ce qui l'entoure.

Bien différente est la façon dont s'effectue l'entrée sur les plans invisibles entre l'âme spiritualisée et celle qui ne l'est pas. Tandis que la première franchit avec facilité les couches inférieures de l'Astral où rien d'elle-même ne correspond, la seconde, retenue par des liens nombreux qui empêchent son essor, se sent rivée aux plans inférieurs et condamnée à vivre dans leurs régions ténébreuses.

La condition de l'homme après sa mort dépend de celle où il se trouvait avant sa mort, c'est la loi de cause et d'effet qui règne en souveraine. Il s'ensuit que deux hommes mourant au même instant peuvent ne pas être ensemble dans le monde de l'au delà. Si le sentiment intérieur de leur âme n'est pas en harmonie parfaite, ils ne seront pas ensemble bien que leurs corps physiques inertes soient à côté l'un de l'autre. C'est la condition qui détermine la localité.

En général, après avoir quitté le corps, l'âme ne se perd pas dans l'immensité de l'infini ; elle erre dans l'espace, et le plus souvent au milieu de ceux qu'elle a connus et surtout de ceux qu'elle a aimés. L'âme conservant toutes ses affections morales s'élève vers les groupes spirituels qui lui sont similaires, en raison même de la pesanteur fluidique et de ses affinités, c'est sa nature même, c'est son degré d'épuration qui détermine son niveau et la classe dans le milieu qui lui est propre.

Avec ce qu'il sème, chaque être à son niveau se compose à lui-même son poids mystérieux. Chaque être, après sa mort, est emporté par les courants qu'il a réalisés pendant sa vie terrestre sur le plan de l'Espace où circulent les fluides correspondant aux siens.

En abandonnant la terre, l'âme entre dans les régions de l'espace entraînée par son périsprit conformément à la loi dynamique des fluides, après avoir traversé toutes les couches de densités inférieures à la sienne. Elle va dans le milieu qui est identique avec le milieu même de son enveloppe, représentant indélébile du propre état de cette âme. D'elle-même, par la force des choses, sans aucune intervention directe ou indirecte, elle se rend dans ce milieu, ne pouvant manquer d'y aller, comme aussi ne pouvant s'élever au-dessus de lui, par suite de cette concordance, de cette proportionnalité entre les perfectionnements animiques et les purifications matérielles fluidiques.

L'entrée dans une vie nouvelle amène des impressions aussi variées que la situation morale des Esprits.

En quittant sa demeure corporelle, l'Esprit

avancé se trouve en suspens entre deux
sensations, celle des choses matérielles qui
s'effacent et celle de la vie nouvelle qui se
dessine devant lui. Cette vie, il l'entrevoit
comme à travers un voile, pleine d'un
charme mystérieux ; puis la lumière grandit, non plus cette lumière astrale qui nous
est connue, mais une lumière spirituelle, radiante partout répandue. Progressivement elle
l'inonde, le pénètre et, avec elle, un mélange
de force et de jeunesse, de sécurité. L'Esprit
se plonge dans ce flot réparateur. Il s'y
dépouille de ses incertitudes et de ses crain-
tes. Son regard se détache de la terre et se
tourne vers les hauteurs. Il entrevoit les
cieux immenses et d'autres êtres, des amis
d'autrefois plus jeunes, plus vivants, plus
beaux, qui viennent le guider au sein des
espaces. Avec eux il monte jusqu'aux régions
éthérées que son degré d'épuration lui permet
d'atteindre. Par un phénomène très compré-
hensible, les vivants de la terre sont alors à
lui comme les morts sont aux vivants terriens.
Il voit ses parents et ses amis morts pour
lui, et les Esprits qui évoluent dans son
nouveau milieu sont pour lui les seuls
vivants.

Ceux dont l'existence s'est déroulée indé-
cise, sans fautes graves, ni mérites signalés
(et le nombre en est gr   .), se trouvent

d'abord dans un état de torpeur, dans un accablement profond. L'Esprit sort lentement de son enveloppe ; il recouvre sa liberté, mais hésitant, timide, il n'ose en user encore et reste attaché par la crainte et l'habitude aux lieux où il a vécu. Il continue de souffrir et de pleurer avec ceux qui ont partagé sa vie. Sollicité par l'avenir et par le passé, il cherche à la fois à reprendre pleine possession de lui-même et à saisir les impressions fugitives du rêve évanoui, qui passent encore en lui, avec leur cortège de tableaux et d'événements. Parfois, absorbé dans cette rétrospection d'un songe captivant, il sent les chaînes de la vision se renouer et le spectacle se continuer ; il retombe à la fois dans le rêve et dans une sorte de demi-sommeil. Le temps s'écoule pour lui sans qu'il le mesure. A la longue d'autres Esprits l'assistent de leurs conseils, l'aident à dissiper son trouble, à s'affranchir des dernières chaînes terrestres, à s'élever vers des milieux moins obscurs.

Chez l'Esprit d'ordre inférieur, pour lequel la phase du dégagement corporel a été pénible, prolongée, pleine de trouble et d'angoisse, l'illusion de la vie terrestre se poursuit pendant des années. Incapable de se rendre compte de son état et de rompre les liens qui l'enchaînent, il continue à vivre

comme il le faisait avant la mort, asservi à
ses habitudes, à ses inclinations, s'indignant
de ce que ses proches ne semblent plus le
voir ni l'entendre, errant, triste, inquiet,
sans but, sans espoir, dans les lieux qui lui
sont familiers. Sous l'influence de ses appétits matériels, les molécules de son corps
fluidique se ferment aux perceptions extérieures jusqu'à ce que, sur les conseils
d'Esprits bienveillants et éclairés, il rompe
par sa volonté le réseau fluidique qui l'en-
serre et se décide à entrer dans une voie
meilleure.

Les Esprits pervers, endurcis, emportent
avec eux, au delà de la tombe, leurs habitudes, leurs besoins, leurs préoccupations
matérielles. Ne pouvant s'élever au-dessus
de l'atmosphère terrestre, ils continuent à
partager la vie des humains, à se mêler à
leurs luttes, à leurs plaisirs. Leurs passions,
leurs désirs, toujours en éveil, attisés par
le continuel contact de l'humanité, les acca-
blent, et l'impossibilité de les satisfaire est
pour eux une cause de tortures. Ces Esprits
arriérés et mauvais ne savent rien des lois
supérieures. Les fluides dont ils sont enveloppés s'opposent à toute relation avec les
Esprits élevés qui voudraient les arracher à
leur inertie, à leurs penchants, mais ne le
peuvent en raison de leur nature grossière

et du champ restreint de leurs perceptions.
Ils occupent les bas-fonds du monde spirituel, comme ils ont occupé ceux du monde
corporel ; ils y restent tant qu'ils sont rebelles au progrès ; mais à la longue, avec l'expérience, les. tribulations, les misères des
incarnations successives, il arrive un moment
où ils conçoivent quelque chose de mieux que
ce qu'ils ont ; ils commencent à comprendre ce qui leur manque, et c'est alors qu'ils
font des efforts pour l'acquérir et s'élever.

∴

> La peine n'est jamais qu'où est la
> faute ; il est impossible que ces deux
> choses soient séparées.
>
> EPICTÈTE.

Le vrai but de la vie consiste dans le
devoir qui incombe à tout être humain, et
dont il a conscience, de développer ce qu'il a
de plus pur et de plus élevé en lui, en un
mot de subjuguer la matière à l'Esprit.

L'éducation de l'Esprit est donc l'objet
même de la vie. Son existence est une succession de tâches. La vie lui est donnée
comme un cadre à remplir.

La naissance en ce monde a pour cause
les passions d'une existence précédente.

. La vie terrestre est une école, un moyen

d'éducation, de perfectionnement par le travail, l'étude et la souffrance.

La lutte est nécessaire au développement
de l'Esprit. Tous les maux de la vie con-
courent à son élévation.

On ne pourrait concevoir un être progressif sans des éléments hostiles en apparence
qui le provoquent à l'effort, au labeur, au
combat.

Il n'y a pas de progrès possible sans qu'il
y ait quelque faute vaincue. La conquête de
soi-même est la mesure du progrès spirituel,
dans l'au-delà comme dans ce monde.

La douleur est nécessaire au perfectionnement moral. Sans lutte pénible il n'y pas de
vertu solide et éprouvée.

C'est dans la douleur, ce tout puissant
creuset d'épuration, que s'effectuent les méta-
morphoses, que se fondent l'égoïsme, les
jalousies, les haines et d'où sortent les divines
vertus de tolérance, d'altruisme, de fraternité universelle.

La douleur est inséparable de l'existence.
La souffrance est la loi nécessaire de la vie,
c'est à-dire de la formation.

Les maux de toutes sortes, physiques et
moraux, auxquels l'homme est exposé, sont
un stimulant pour son intelligence. S'il
n'avait rien à craindre, aucune nécessité ne
le porterait à la recherche du mieux ; rien

ne l'obligerait à s'améliorer ; il s'engourdi-rait dans l'insouciance et il n'avancerait pas.

La douleur est l'aiguillon qui pousse l'homme en avant dans la voie du progrès, qui l'empêche de s'immobiliser dans l'état présent, qui l'avertit lorsqu'il est dans la mauvaise voie et le remet de force dans la bonne. Si, selon la formule populaire, « chacun de nous porte sa croix en ce monde », c'est que nous portons aussi nos défauts ou nos vices, dont nous sommes tenus de nous délivrer.

L'adversité est la grande école, le champ fertile des transformations, le principal facteur de notre élévation progressive ; elle seule arrache l'homme à l'indifférence, à la volupté ; elle seule, en développant les forces viriles de l'Esprit, le trempe pour la lutte et l'ascension.

La terre peut être considérée à la fois comme un monde d'éducation pour les Esprits peu avancés et d'expiation pour les Esprits coupables, un lieu de luttes, de travail et d'efforts continuels. La vie terrestre est un combat permanent. Toutes les joies sont inconstantes et le bonheur réel est un fruit défendu dans ce monde. C'est en vain que les hommes, avides de plaisirs et de richesses, s'efforcent d'arriver à ce but tant désiré qui ne peut devenir une réalité que dans les mondes supérieurs.

Les maux de l'humanité sont la conséquence de l'infériorité morale de la majorité
des Esprits incarnés ; tous ont leur raison
d'être. Les hommes les créent en vertu de
leur libre arbitre par leurs propres vices,
par leur orgueil, leur égoïsme, leur ambition,
leur cupidité, leurs excès en toutes choses.
Par le contact de leurs vices ils se rendent
récipoquement malheureux et se punissent
les uns par les autres.

Les souffrances sont engendrées par la
méchanceté d'une moitié du genre humain
et par les vices de l'autre ; les maladies, les
misères multiples qui frappent chaque
homme en particulier, les tueries, les vols,
les brigandages, tout cela sort du fond même
de la nature humaine. Si la terre est un cal-
vaire, un purgatoire, un enfer, c'est nous
qui la faisons telle.

Dieu a créé tous les hommes égaux pour
la douleur ; petits ou grands, ignorants ou
éclairés, souffrent, par les mêmes causes,
afin que chacun juge sainement le mal qu'il
peut faire. L'égalité devant la douleur est
une sublime prévoyance de Dieu, qui veut
que les hommes, instruits par l'expérience
commune, ne commettent pas le mal en
arguant de l'ignorance de ses effets.

Les vicissitudes de la vie terrestre ont
deux sources différentes ; les unes ont leur

cause dans la vie présente ; les autres en
dehors de cette vie. Beaucoup sont la conséquence naturelle, immédiate du caractère et
de la conduite de ceux qui les endurent ; et
ceux qui nient les sanctions réservées dès ici-
bas à nos actions, vérifient mal, ne regardent
pas, ou ne regardent pas assez longtemps.
Quoi qu'on puisse faire pour y échapper,
il vient inévitablement une heure où, créan-
cier impitoyable, la destinée frappe à notre
porte, son mémoire à la main, et si l'homme
n'est pas toujours puni, ou complètement
puni dans son existence présente, il n'échappe
pas pour cela aux conséquences de ses fautes. Toute vie coupable doit être rachetée, et
une heure vient où les âmes orgueilleuses
renaissent dans des conditions humbles et
serviles, où l'oisif doit accepter de pénibles
labeurs. Celui qui a fait souffrir souffrira à
son tour. La place de chacun dans l'ordre
social, le bonheur qu'il ressent, l'injure qui
l'accable, sont une conséquence inévitable et
juste des actes accomplis par lui précédemment dans une autre existence. Tout a sa
raison d'être dans l'existence humaine ; il
n'est pas une des souffrances que nous
avons causées qui ne trouve un écho dans
les souffrances que nous endurons ; pas un
de nos excès qui ne trouve un contre-poids
dans une de nos privations ; pas une larme ne

tombe de nos yeux sans avoir à laver une faute.

Les peines et les jouissances sont inhérentes au degré de perfection des Esprits. Chacun porte en soi le principe de son propre bonheur ou malheur, sa gloire ou sa misère. Nous jouissons des progrès acquis, mais nous souffrons de notre imperfection persistante, de notre assujettissement aux forces inférieures, de notre ignorance, cause essentielle de notre esclavage vis-à-vis de la nature.

La pratique du bien est la loi supérieure, la condition *sine qua non* de notre avenir. La grande loi universelle qui n'a pas d'exception est que le bonheur de chacun augmente en même temps qu'il progresse en moralité et en intelligence et non autrement. Tout être, par l'effort du labeur volontaire, sort de l'épreuve et rentre au bonheur. Le bonheur est la conséquence du bien, comme la souffrance est la conséquence du mal. La souffrance est proportionnée à la responsabilité, c'est-à-dire à la liberté de l'être, proportionnée elle-même au développement des facultés de l'intelligence et du cœur.

La loi de justice n'est que le fonctionnement de l'ordre moral universel ; et les peines et les châtiments sont la réaction de la nature outragée et violentée dans ses principes éternels. Toute puissance morale réagit sur celui qui la viole, proportionnellement à son mode d'action.

Le bonheur de la créature est le but de la création. L'âme atteint le bonheur par son propre mérite ; elle n'a pas été créée parfaite, mais susceptible de le devenir, afin qu'elle ait le mérite de ses œuvres. Le bonheur, pour avoir tout son prix, doit être acquis et non octroyé. Un bien qui ne serait ni mérité ni conquis, ne serait pas un bien.

En donnant à l'homme son libre arbitre, le Créateur a voulu qu'il arrivât, par sa propre expérience, à faire la différence du bien et du mal et que la pratique du bien fût le résultat de ses efforts et de sa propre volonté.

Si Dieu nous avait créés tout d'une pièce absolument parfaits, où aurait été l'effort, par conséquent le mérite et quel aurait été le but de la création?

Si dans la création tout avait été repos, si tous les biens avaient été mis sans travail à notre disposition, nous n'aurions pas eu le sentiment de nous perfectionner par notre propre effort, de conquérir l'autonomie en vertu des lois qui laissent à notre choix la route à suivre pour aller vers le progrès intellectuel et moral. La vie eût été monotone. C'est la lutte, c'est le choc des idées qui lui donnent de l'attrait et nous encouragent à la mener vaillamment. C'est le déchaînement des passions qui fait ressortir le mérite de la vertu. Ce sont les horreurs du mal qui rehaussent la beauté du bien.

Il y a plus de sagesse et de grandeur à créer des êtres qui évolueront d'eux-mêmes vers la perfection que de produire instantanément un univers où tout serait figé dans une immobile, fastidieuse et monotone perfection, sans but, sans contrastes, sans couleur; où chacun de nous, ayant obtenu tout sans travail et sans effort, n'en pourrait comprendre la valeur. Il faut que l'effort subsiste en ce monde, et le travail et la sueur et les douloureux sacrifices. Un monde facile et commode où tout coulerait sur un rail glissant et rapide, ne serait pas seulement aplani, mais aplati. Toute âme y deviendrait vulgaire, molle, incapable d'élan, prête à choir.

Dieu n'est pas l'auteur du mal. Il a fait l'homme libre ; or, la liberté contenait la possibilité du mal. Dieu ne peut faire ce qui implique contradiction ; il ne peut faire que l'hommme soit à la fois libre et nécessairement bon, l'essence de la liberté consistant dans la possibilité d'un choix, d'une détermination spontanée. Il fallait que l'homme fût libre et par conséquent susceptible de se révolter, de commettre tous les crimes, ou bien il fallait que n'étant pas libre, il ne fût qu'une simple machine, ou un animal obéissant aveuglément à ses instincts.

Le bien est la loi de l'univers. Le mal est un état transitoire, toujours réparable, une des phases inférieures de l'évolution des êtres vers le bien. La nature humaine est la véritable source du mal parce qu'étant faible, elle ne saurait voir qu'une partie de la vérité, et qu'étant orgueilleuse elle croit et proclame toujours qu'elle a trouvé la vérité tout entière.

Ce que nous appelons bien et mal n'a aucune signification spéciale, aucune valeur particulière. L'un et l'autre sont notre œuvre exclusive. Ils n'affectent que nous, ils n'atteignent que nous. Ils sont la conséquence de nos appréciations, de notre manière d'être intellectuelle et morale, de notre bonne ou de notre mauvaise volonté.

Le mal est en nous et non hors de nous ; c'est donc nous qui devons changer et non pas les choses extérieures. Notre progrès dépend de nous. Il est notre œuvre person-nelle, à titre individuel ou à titre collectif (souvent aux deux à la fois), et c'est pour l'avoir atteint, après y avoir travaillé, que nous jouissons avec satisfaction des avanta-ges qu'il nous procure. C'est là la récom-pense. Elle émane, comme le châtiment, de la nature même des choses. Elle est la con-séquence nécessaire, prévue, forcée, de nos actes conscients et de leur valeur. La récompense et le châtiment sont liés à notre activité volontaire, et c'est ainsi que la loi naturelle utilise même nos erreurs et les souffrances dont elles sont la cause pour nous obliger à progresser en même temps que nous travaillons à nous dégager d'une situation pénible. C'est ainsi qu'elle tire le bien de ce que nous appelons le mal, et c'est là pour elle toute l'expiation.

Le mal, comme l'ombre, n'a pas d'existence réelle ; c'est plutôt un effet de contraste. Les ténèbres se dissipent devant la lumière, de même que le mal s'évanouit dès que le bien paraît. Il n'y a pas de mal réel, dans le sens absolu que nous donnons à ce mot ; il n'y a pas d'injustice dans l'univers, mais partout réalisé ou en voie de réalisation, un idéal supérieur de bonté et de justice, idéal entraînant pour tous les individus la certitude du bonheur futur dans le développement indéfini de la conscience et le triomphe de l'Esprit.

L'homme jouit de son libre arbitre. Il a le choix entre le bien et le mal. S'excuser de ses méfaits sur la faiblesse de la chair ou sur l'atavisme n'est qu'un faux fuyant pour échapper à la responsabilité. La chair n'est faible que parce que l'Esprit est faible. C'est l'Esprit qui donne à la chair des qualités correspondantes à ses instincts. Toutes les vertus et tous les vices sont inhérents à l'Esprit. La chair, qui n'a ni pensée ni volonté, ne prévaut jamais sur l'Esprit, qui est l'être pensant et voulant. Le tempérament est, au moins en partie, déterminé par la nature de l'Esprit, qui est cause et non effet. Les organes cérébraux, correspondant aux diverses aptitudes, doivent leur développement à l'activité de l'Esprit ; ce développement est un effet et non une cause. L'activité de l'Esprit réagit sur le cerveau et conséquemment sur les autres parties de l'organisme. Sous l'empire de la sensibilité, l'organisme s'approprie aux dispositions morales de l'Esprit. Un Esprit irascible pousse au tempérament bilieux ; d'où il suit qu'un homme n'est pas colère parce qu'il est bilieux, mais qu'il est bilieux parce qu'il est colère. Il en est de même de toutes les autres dispositions instinctives.

L'Esprit ne procède pas de l'Esprit, le corps seul procède du corps. Nos parents, de qui nous tenons les traits distinctifs de la figure et les dispositions à certaines affections physiques, ne peuvent nous transmettre leurs facultés intellectuelles et morales. La ressemblance morale de l'individu avec l'ancêtre résulte de l'incarnation de l'Esprit dans un milieu similaire, en correspondance avec ses idées, ses sentiments, ses inclinations.

On attire à soi des Esprits sympathisant avec les idées qu'on a. L'Esprit se réincarne instinctivement dans le milieu vers lequel son périsprit, modifié à mesure par ses agissements, le porte naturellement, et là les conditions heureuses ou malheureuses dans lesquelles il se trouvera placé résultent du niveau moral de ce milieu.

Mais si la loi d'hérédité est fatale chez l'animal, elle ne l'est plus chez l'homme. Les germes spirituels de l'humanité psychique sont en dehors de la génération matérielle. L'homme est une dualité dans laquelle entre un nouveau facteur et des plus puissants, à savoir : un Esprit conscient, portant en lui la résultante de son passé intellectuel et moral et pouvant choisir, avant chaque réincarnation, le genre de vie qui lui paraît nécessaire. De là vient que, parmi les membres d'une même famille, on constate des différences considérables dans le caractère, le degré d'intelligence, les tendances, les particularités d'esprit de chacun d'eux.

Le but final des êtres est la perfection, et tous ceux qui s'en écartent, subissant la pression mystérieuse, y sont ramenés fatalement.

Nul ne peut être méchant ou vicieux sans une perte sûre, sans un dommage certain.

Il n'est pas un défaut, pas une imperfection morale, pas une mauvaise action, qui n'ait sa contre-partie et ses conséquences naturelles.

Aucune déviation du droit chemin ne reste impunie. Toute faute commise, tout mal accompli, est une dette contractée qui doit être payée soit à un moment, soit à l'autre, soit dans une existence, soit dans une autre.

Le repentir est le premier pas vers l'amélioration, mais seul il ne suffit pas ; il faut encore l'expiation, la réparation, en un mot une amélioration sérieuse, effective et un retour sincère au bien. Dieu veut que l'expiation précède la réhabilitation et ne permet pas que l'homme puisse remonter en un jour la colline sainte le long de laquelle il s'est laissé choir. La souffrance, cette grande éducatrice, peut seule nous réhabiliter. La nécessité de la réparation est un principe de rigoureuse justice que l'on peut considérer comme la véritable loi de réhabilitation morale des Esprits ; c'est une doctrine qu'aucune religion n'a proclamée.

La vie actuelle est la conséquence directe, inévitable, des vies passées, comme la vie future sera la résultante des actions présentes. Chaque homme tisse autour de lui sa destinée. Ainsi s'expliquent les problèmes sociaux, la nécessité des variétés des positions sociales,

l'inégalité intellectuelle, les anomalies corporelles.

« Mourant pour s'épurer, tombant pour
« s'élever, sans fin, ne se perdant que pour
« se retrouver » l'homme en évolution est
tributaire de ses erreurs et de ses pensées
mauvaises. C'est lui qui, par ses culpabilités
d'autrefois, a fait le présent tel qu'il est, et il
se trouve là au milieu de ses œuvres, non
comme un condamné à jamais incapable
et passif, mais comme une âme vivante et
réagissante.

A la nature des souffrances et des vicissitudes que l'on endure dans la vie corporelle,
on peut juger de la nature des fautes commises dans une précédente existence et des
imperfections qui en sont la cause.

Toute renaissance heureuse ou malheu-
reuse est la conséquence des œuvres prati-
quées dans les vies antérieures.

Prétendre que les hommes naissent au
hasard sans que des phénomènes antécédents
aient déterminé la parenté dans laquelle ils
naissent, sans que des états de choses placés
dans un *avant naître* plus ou moins reculé
soient le point de départ de leurs penchants
heureux, de leur faculté pour le bien ou
pour le mal, de leurs prédispositions mentales et physiologiques, c'est dire que des phénomènes peuvent sortir de rien, en un mot,

c'est contredire le principe de continuité.

L'homme naît dans des circonstances de pauvreté ou de richesse. Les uns naissent dans des circonstances pénibles, malheureuses, et les autres dans des milieux favorables ; mais nous attachons en général trop d'importance aux circonstances et pas assez à l'usage que nous en faisons. L'âme humaine est plus forte que les circonstances, elle peut acquérir des lumières et, remplir sa destinée malgré elles. Savoir dominer ce qui nous a dominé est la grande nécessité, le glorieux privilège avec lequel l'existence se présente à nous. Quoique étant né dans des milieux différents, chacun possède la même capacité latente pour dominer les circonstances, quelles qu'elles soient. Tout dépend de la manière d'en faire usage. Les richesses sont nuisibles pour nous aussi longtemps que nous restons dans les ténèbres et marchons à tâtons vers la lumière, de même que la pauvreté peut être pour nous un auxiliaire vers l'acquisition de lumières nécessaires à l'accomplissement de la destinée. Toutes les conditions de la vie, depuis la plus élevée jusqu'à la plus humble, ont des enseignements féconds pour les âmes qui savent en profiter.

La terre est le véritable purgatoire où tout s'expie. De là la vie actuelle avec son cortège

de maux de toutes sortes, physiques et
moraux. De là ces événements inexplicables qui modifient notre existence de fond
en comble, les rencontres fortuites, les idées
innées. De là certains malheurs qui semblent de préférence frapper coup sur coup
les mêmes individualités, la raison de ces
inégalités si tranchées de rang, de fortune,
de bonne ou mauvaise chance, qui semblent
faire pour beaucoup, de la vie humaine,
une douloureuse mystification imputable à
qui ou à quoi d'intelligent ou de raisonnable.
De là les renaissances en des organes
incomplets, en des corps difformes et souf-
freteux ; les longues et cruelles maladies,
les courtes vies d'êtres aimés, source d'amers
chagrins, les morts tragiques, etc... qui
semblent à première vue être le fait du
hasard et ne sont le plus souvent que l'exécution de la Loi. Ainsi s'expliquent les injustices apparentes de la destinée, les misères,
les coups du sort qui ne sont rien d'autre
que les sanctions de chaque vie pour celle
à laquelle elle succède.

L'âme des crétins et des idiots est de la
même nature que celle des autres incarnés ;
leur intelligence est souvent supérieure, et
ils souffrent de l'insuffisance des moyens
qu'ils ont pour entrer en relations avec leurs
compagnons d'existence, comme les muets

souffrent de ne pouvoir parler. Ils ont abusé de leur intelligence dans leurs existences antérieures et ont accepté volontairement d'être réduits à l'impuissance pour expier le mal qu'ils ont commis. Cette épreuve n'est point stérile, car l'Esprit ne reste pas stationnaire dans sa prison de chair ; ces yeux hébétés voient, ce cerveau déprimé conçoit, mais rien ne peut se traduire ni par la parole, ni par le regard et, sauf le mouvement, ils sont moralement dans l'état des léthargiques et des cataleptiques qui voient et entendent ce qui se passe autour d'eux sans pouvoir l'exprimer. Sous leur impuissance physique se cache une puissance morale dont on n'a nulle idée. Sous ces formes hideuses, qui font pitié, sont ensevelis des Esprits en travail, des âmes rebelles ou aviles qui, par haine ou mépris de la vie spirituelle, ont dédaigneusement traîné dans la fange le diadème divin qui leur avait été mis au front.

Tout a sa raison d'être, son but, sa fin. Ce qu'on appelle les caprices du sort, ne sont autre chose que les effets de la justice de Dieu. Il n'y a ni hasard, ni fatalité, ni bonne ou mauvaise étoile. Il y a des forces. Il y a des lois. L'avenir est déterminé d'avance par les causes qui l'amèneront. Nous préparons toujours le coup qui nous doit frapper.

Les épreuves subies sont un acheminement vers un sort plus heureux. Ne nous plaignons pas de souffrir, car rien n'est laissé au hasard ; ce qui est fatal, c'est que l'âme incarnée doit réparer en faisant le bien tout le mal qu'elle a commis ; la justice éternelle l'exige ; de là la nécessité des vies successives sur la terre.

La fatalité apparente qui sème de maux le chemin de la vie, n'est que la conséquence de notre passé, l'effet revenant vers la cause. C'est l'accomplissement du programme accepté par nous avant de renaître.

Dans l'état de somnambulisme, l'âme, sous la suggestion du magnétisme, s'engage à accomplir tel ou tel acte dans un temps donné. Revenue à l'état de veille, sans avoir conservé aucun souvenir apparent de cette promesse, elle exécute de point en point l'acte commandé. De même l'homme ne paraît pas avoir gardé la mémoire des résolutions prises avant de renaître, mais l'heure venue il court au devant des événements prévus et y participe dans la mesure nécessaire à son avancement ou à l'exécution de l'inéluctable Loi.

Les événements vulgaires de la vie privée sont, le plus souvent, la conséquence de la manière d'agir de chacun ; tel réussira suivant sa capacité, son savoir-faire, sa persévérance, sa prudence et son énergie, où un autre échouera par son insuffisance. Là encore chacun est l'artisan de son propre avenir, lequel n'est jamais soumis à une aveugle fatalité indépendante de sa personne.

Mais l'avenir doit être caché à l'homme comme le passé. S'il connaissait l'avenir, il négligerait le présent et n'agirait pas avec la même liberté, parce qu'il serait dominé par la pensée des choses qui doivent arriver et qu'il chercherait à entraver. Le Créateur n'a pas voulu qu'il en fût ainsi, afin que chacun concourût à · l'accomplissement de toutes choses, même de celles auxquelles il voudrait s'opposer.

Tout s'enchaîne et se lie dans l'univers, au moral comme au physique. Dans l'ordre des faits, du plus simple au plus complexe, tout est réglé par une loi. Chaque effet se rapporte à une cause et chaque cause engendre un effet identique à elle même.

C'est par une sorte de choc en retour que sont expiées les injustices, les cruautés perpétuées dans une vie précédente. C'est par des répercussions successives, que se déroulent de génération en génération cette série de châtiments qui rejaillissent sur les coupables.

Comme les nuées formées par la vaporisation solaire retombent fatalement en pluie sur le sol, de même les conséquences des actes accomplis retombent sur leurs auteurs.

Chacun de ces actes, chacune des volitions de notre pensée, suivant la force d'impulsion qui lui est donnée, accomplit son évolution, pour revenir avec ses effets bons ou mauvais vers la source qui les a produits. Le mal comme le bien, tout revient à son point de départ, en raison de l'affinité de substance.

Il est dans l'essence d'un être raisonnable de ne pouvoir s'écarter sans souffrir des conditions que la raison lui impose et de ne pouvoir y rester sans être heureux. Son bien et son mal ne sont que dans sa volonté.

Dans cette immensité, où tout est réglé par des lois sages, profondes, pas un acte utile ne reste sans profit, pas une faute sans sanction. Il n'y a pas d'action qu'on puisse dérober.

La souffrance étant attachée à l'imperfection, comme la jouissance l'est à la perfection, l'âme porte en elle-même son propre châtiment partout où elle se trouve ; il n'est pas besoin d'un lieu circonscrit.

L'enfer n'est pas un lieu, c'est une condition d'être, c'est un état d'âme, et il appartient à chacun de nous de sortir de cet enfer ou de nous y maintenir. L'homme est son propre justicier. C'est lui qui fait son sort en devenant sans cesse ce qu'il a mérité d'être, en faisant lui-même son être futur, à l'aide des éléments du milieu qu'il traverse. Il récolte ce qu'il sème et se nourrit de ce qu'il

récolte, débilité ou fortifié par les aliments,
que lui-même a produits. Il est le fils de ses
œuvres pendant la vie et après la mort ; il
ne doit rien à la faveur. La justice divine dit
au libre arbitre : « Fais ce que tu voudras,
« mais ne perds pas de vue qu'en le faisant
« tout est organisé de manière que tu te puni-
« ras ou te récompenseras toi-même. »

Ces lois qui régissent l'individu s'appliquent
à la famille, à la nation, aux races, individualités collectives dominées par l'orgueil,
l'égoïsme, l'ambition, marchant dans une
mauvaise voie, et faisant collectivement ce
qu'un individu fait isolément ; à la famille
qui s'enrichit aux dépens d'une autre famille,
à un peuple qui subjugue un autre peuple, à
une race voulant anéantir une autre race ;
sur ces familles, ces peuples, ces races, coupables d'hier, réincarnés dans le même
milieu pour réparer leurs torts réciproques,
s'appesantit la peine du talion.

Dieu ne punit ni ne récompense par lui-
même. Les lois qui régissent les mondes
sont telles que le bonheur ou le malheur des
hommes dépendent absolument de l'observation ou de la violation de la loi universelle qui régit l'ordre dans la nature. L'homme
qui viole les lois constitutives de l'univers
s'éloigne de l'harmonie générale, ce but du
bonheur commun de tous les êtres. Il souffre

de cette violation comme souffrirait un cercle intelligent et sensible qui viendrait à détruire l'égalité de ses rayons. La jouissance et la peine sont donc attachées aux actions mêmes de l'homme.

Récompense et châtiment sont un résultat des actes accomplis et de l'intention qui les fit commettre. L'homme responsable est condamné par lui-même ou par lui-même absous. L'être se rémunère ou se punit lui-même par cette loi de justice absolue, universelle et fatale, à laquelle nul ne se soustrait.

Ce que nous appelons la destinée n'est que la résultante, à travers nos vies successives, de nos agissements et de nos libres résolutions.

Ainsi s'accomplit sous toutes les formes la justice du Créateur, justice suprême qui laisse au temps le soin de faire découler les effets de leurs causes et qui rend ses arrêts par la logique même des choses.

A chacun selon ses œuvres.

.·.

La réincarnation est une nécessité absolue, une condition inhérente à l'humanité, une loi de nature; elle se révèle par ses résultats d'une manière pour ainsi dire maté-

rielle, comme le moteur caché se révèle par
le mouvement; elle seule peut dire à l'homme
d'où il vient, où il va, pourquoi il est sur la
terre et justifier toutes les anomalies et toutes les injustices apparentes que présente la
vie.

Le principe de la réincarnation est une
conséquence de la loi du progrès ; sans elle
on ne saurait expliquer la différence qui
existe entre l'état social actuel et celui des
temps barbares. Si l'âme était créée en même
temps que le corps, ceux qui naissent à présent seraient aussi ignorants et aussi primitifs que ceux qui vivaient il y a mille ans.
S'il n'y avait aucun lien, aucune relation
directe et nécessaire entre eux, s'ils étaient
entièrement indépendants les uns des autres
pourquoi les âmes créées aujourd'hui seraient-
elles plus favorisées que celles des temps
passés, pourquoi seraient-elles mieux douées
par Dieu que leurs devancières ? Pourquoi
comprennent-elles mieux ? Pourquoi ont-
elles en général des instincts plus épurés,
des mœurs plus douces ? D'où viennent ces
connaissances acquises, cette intuition des
choses non étudiées ? A moins d'admettre
que Dieu crée des conditions inégales selon
les époques, hypothèse qui est contraire à
l'idée de parfaite justice, la seule réponse
satisfaisante, péremptoire, qui soit compati-

ble avec la seule raison, c'est que les âmes d'aujourd'hui sont identiques avec celles d'autrefois ; qu'elles ont été également barbares, mais qu'elles ont progressé individuellement et collectivement ; que chaque existence est venue ajouter des connaissances à d'autres déjà acquises et que par conséquent les âmes apparues de nos jours n'ont pas été créées plus parfaites, mais qu'elles se sont améliorées avec le temps et l'expérience.

En vain on objectera que la supériorité des races actuelles doit être attribuée non à l'individu, mais aux influences héréditaires et aux conditions sociales présentes. La transmission héréditaire est impuissante à expliquer les tendances naturelles et contraires, les aptitudes et le caractère chez les enfants nés des mêmes parents ; et les conditions sociales ainsi que l'exemple ne sont tout au plus que des correctifs agissant longtemps après que les qualités naturelles se sont manifestées.

D'où venaient donc ces grandes intelligences, ces hommes extraordinaires du Siècle de Périclès, ces génies dont les noms resteront éternellement gravés dans la mémoire des hommes ? Qui avait fait naître dans leurs esprits ces conceptions si élevées du Beau, du Vrai, du Bien ? Quels avaient été leurs éducateurs? Quels maîtres avaient eus ces hommes, qui élevèrent les autres ? Dans quel milieu s'étaient-ils imprégnés de toutes ces beautés, de toutes ces vérités qu'ils répandaient à pleines mains ? Fils pour la plupart de simples citoyens de la Grèce, quelques-uns fils d'esclaves, ce n'était pas dans le milieu où s'était écoulée leur jeunesse qu'ils avaient pu acquérir les connaissances qui devaient en faire les éducateurs de l'humanité. Leurs aïeux étaient des barbares.

Comment donc s'expliquer l'apparition de tous ces génies sur un même point de la terre ? Il ne peut être question dans ce fait extraordinaire, ni d'atavisme ni d'influence ambiante, et les théories matérialistes sur la production de la pensée et sur l'évolution continue et méthodique de l'Être humain sont, dans ce cas, difficiles à expliquer.

Comment résoudre ce problème sinon en disant que ces hommes étaient des Esprits élevés qui s'étaient affinés dans des existences précédentes et qui, à un moment donné de l'histoire, sont venus remplir une mission en s'incarnant au milieu d'un peuple assez avancé pour pouvoir les comprendre.

Si on admettait que ces qualités puissent être produites par un état de progrès collectif antérieur ou que le caractère de ceux qui sont nés à présent se soit formé par les influences qu'il a subies, la difficulté ne se

trouverait pas résolue ; car l'inégalité,
quelle qu'en soit la cause, serait une injustice. Pour quelles raisons des individus nais-
sent-ils au milieu de nations civilisées alors
que d'autres naissent au milieu de peuples
plongés dans la barbarie. Ceux qui naissent
en ce siècle ne sont-ils pas plus favorisés
que ceux qui vécurent à l'âge de pierre ?
Peut-on demander la même somme de travail à ceux qui ont lutté dans les ténèbres
de l'ignorance et à ceux qui ont joui d'une
certaine lumière ? Si Dieu a concédé une
égale compréhension du bien et du mal et
si les hommes ont la même origine, il s'ensuit que les mêmes moyens pour progresser
sont un droit universel concédé à tous, et si
l'Être suprême avait accordé une supériorité
quelconque en dehors de celle qui résulte de
l'effort individuel, les conditions seraient inégales et notre idéal de la divinité serait détruit.

Pourquoi voit-on des enfants montrer pour
ainsi dire, dès le berceau, une inclination bien
marquée vers le bien, tandis que d'autres
ont une tendance égale vers le mal ? Pourquoi voit-on les instincts les plus pervers se
manifester à l'aurore de la vie chez ceux-là
mêmes qui, favorisés des avantages du bon
exemple, d'une éducation supérieure ou d'une
position sociale élevée, grandissent avec leurs
tendances vicieuses les plus indomptables ?

Pourquoi voit-on des individus qui, élevés au milieu du vice et de la misère, conservent cependant une pureté et une élévation de sentiment qui semblent défier de telles influences pernicieuses ?

Si les hommes sont créés égaux, pourquoi des résultats aussi discordants ? Si nulle cause intermédiaire n'est venue troubler une égalité originelle, comment expliquer les intuitions de qualités si opposées ?

S'il était vrai que nous n'eussions qu'une seule existence corporelle et que l'esprit fût créé par Dieu en même temps que le corps, à Lui seul devrait être attribuée cette diversité de penchants et il faudrait admettre que les bons et les méchants ne sont tels que parce que le Créateur en a décidé ainsi, et que Dieu a créé des Esprits de nature différente, tout en exigeant la même perfection de tous.

La variété dans les capacités intellectuelles mène à des conclusions identiques. Si Dieu est représenté comme ayant distribué inégalement tous les dons de l'intelligence, Socrate ne devait sa sagesse qu'à Dieu et le sauvage est incapable d'étendre ses connaissances parce que le Maître suprême l'a voulu ainsi.

La loi naturelle est que chacun récoltera selon ses œuvres et sera rétribué en consé-

quence. Comment alors expliquera-t-on par
une seule existence la mort de l'enfant encore
inconscient de la vie ? Comment se peut-il
que ceux qui meurent sans avoir conscience
d'eux-mêmes soient dignes de récompense
ou de châtiment, si on leur ôte la liberté
d'action qui permet de déterminer le choix ?
Pourquoi sont-ils récompensés sans avoir pu
faire de bien ou privés d'un bonheur parfait
sans avoir fait le mal, et quels rapports ont-
ils avec le reste de l'humanité, avec ceux
assujettis aux plus rudes épreuves dans lesquelles ils ont plus de chance de succomber
que de sortir victorieux ? Pourquoi Dieu
rappelle-t-il à lui prématurément ceux qui
auraient pu s'améliorer s'ils avaient vécu
plus longtemps, dès l'instant qu'il ne leur
est pas donné d'avancer après la mort ?
L'Église admet que les enfants morts en bas
âge, n'ayant point fait de mal, ne peuvent
être condamnés au feu éternel, et, que d'un
autre côté, n'ayant point fait de bien, ils
n'ont aucun droit à la félicité suprême. Ils
sont alors, dit-elle, dans les *limbes*, situation
mixte qui n'a jamais été définie. Mais, puisque leur sort est irrévocablement fixé, ils
sont privés de ce bonheur pendant l'éternité. Cette privation, alors qu'il n'a pas
dépendu d'eux qu'il en fût autrement, équi-
vaut à un supplice éternel immérité. Quel

est le sort des sauvages et de tous ceux qui
meurent forcément dans l'état d'infériorité
morale où ils se trouvent placés par la nature
même, s'il ne leur est pas donné de progresser ultérieurement ? Comment peut-on
proclamer la bonté, la douceur, la clémence
voire la justice de Dieu, si on admet qu'il fait
naître, à chaque génération, des centaines de
millions d'âmes humaines loin de la lumière
de l'évangile, et qu'il condamne ensuite ces
mêmes âmes au feu éternel pour avoir été
privées de cette lumière. D'un autre côté on a
peine à concevoir que le sauvage ignorant, au
sens moral obtus, par cela seul qu'il a reçu le
baptême, soit au même niveau que celui qui
est parvenu au plus haut degré de la science
et de la moralité pratique, après de longues
années de travail. Il est encore moins conce-
vable que l'enfant mort en bas âge, avant
d'avoir la conscience de lui-même et de ses
actes, jouisse des mêmes privilèges, par
le seul fait d'une cérémonie à laquelle sa
volonté n'a aucune part.

Si l'humanité est douée d'intelligence et
de sens moral, c'est que le Créateur a jugé
ces qualités indispensables pour lui permet-
tre d'atteindre sa destinée. Pourtant, comment expliquer l'existence d'un si grand
nombre d'aveugles, de sourds-muets-nés, de
tant d'idiots, et comment leur position serait-

elle conciliable avec la justice de Dieu, dans l'hypothèse de l'unité de l'existence ? Où est la justice des misères et des infirmités de naissance, alors qu'elles ne sont le résultat d'aucun acte de la vie présente ? Est-ce l'effet du hasard ou de la Providence ? Si c'est l'effet du hasard, il n'y a pas de Providence ; si c'est l'effet de la Providence, on se demande où est sa bonté et sa justice. Ce ne peut être l'effet du péché originel car, s'il en était ainsi, tous devraient subir la même pénalité. Ce n'est pas non plus la conséquence des fautes commises par les parents parce que, dans ce cas, tous les enfants de la même famille devraient être voués à la même souffrance. D'où vient donc cet indice d'une condamnation antérieure ?

Si pour une faute temporaire qui est toujours le résultat de la nature imparfaite de l'homme, l'âme peut être punie éternellement, sans espoir d'adoucissement ni de pardon, il n'y a aucune proportion entre la faute et la punition : donc il n'y a pas de justice.

Si le coupable revient à Dieu, se repent et demande à réparer le mal qu'il a fait, c'est un retour au bien. Si le châtiment est irrévocable, ce retour au bien est sans fruit ; puisqu'il n'est pas tenu compte du bien, ce n'est pas de la justice. Parmi les hommes, le condamné qui s'amende voit sa peine commuée, parfois même levée ; il y aurait donc, dans la justice humaine, plus d'équité que dans la justice divine !

Si la condamnation est irrévocable, le repentir est inutile ; le coupable, n'ayant rien à espérer de son retour au bien, persiste dans le mal ; de sorte que non seulement Dieu le condamne à souffrir perpétuellement, mais encore à rester dans le mal pour l'éternité. Ce ne serait ni de la justice ni de la bonté.

Étant infini en toute chose, Dieu doit tout connaître, le passé et l'avenir ; il doit savoir, au moment de la création d'une âme, si elle faillira assez gravement pour être damnée éternellement. S'il ne le sait pas, son savoir n'est pas infini, et alors il n'est pas Dieu. S'il le sait, il crée volontairement un être voué, dès sa formation, à des tortures sans fin, et alors il n'est pas bon.

Le bien étant le but final de la création, le bonheur, qui en est le prix, doit être éternel ; le châtiment, qui est un moyen d'y arriver, doit être temporaire, selon la justice la plus vulgaire.

La doctrine de la réincarnation définit clairement le présent sans porter atteinte aux attributs divins en nous prouvant que la vie terrestre est le résultat naturel de la longue suite de nos expériences passées et la préparation réelle à la marche du progrès ;

que les fautes d'une existence antérieure doivent être expiées conformément à la loi, que la vie présente est accordée comme un moyen de s'acquitter d'une dette encourue et que ce qui pouvait être considéré comme une exception injuste et barbare devient un acte d'équité et de miséricorde, permettant de racheter le passé et favorisant la marche du progrès.

Considérer notre individualité comme étant le résultat de notre périssable organisation humaine actuelle, au lieu d'admettre que cette organisation est le résultat de l'individualité plus élevée et continue de notre âme, c'est mettre la charrue devant les bœufs, c'est confondre l'homme avec l'habit qu'il porte aujourd'hui et qu'il ôtera demain. Toutes les conditions physiques, mentales, morales et sociales, la sagesse ou la folie, la force ou la faiblesse, l'amitié ou l'inimitié, les affections les plus tendres, comme les plus grands soucis de la vie, sont toujours le résultat immédiat de nos actions bonnes ou mauvaises dans des existences passées. Chaque pensée, chaque mot, chaque acte dans ce monde nous prépare un état heureux ou triste dans les changements successifs du progrès, en nous élevant lentement mais sûrement à des ordres d'existence de plus en plus élevés dans lesquels toutes les facultés,

les forces et les affections acquises par ces
modes de transformations se trouvent appro-
priées à chaque degré d'avancement de notre
individualité.

Par la pluralité des existences, l'homme
s'explique toutes les anomalies apparentes
que présente la vie humaine.

Avec la doctrine de la création de l'âme à
chaque naissance, les hommes sont étrangers
les uns aux autres, rien ne les relie, les
liens de famille sont purement charnels : ils
ne sont point solidaires d'un passé où ils
n'existaient pas ; avec celle du néant après
la mort, tout rapport cesse avec la vie : ils
ne sont point solidaires de l'avenir. Par la
réincarnation, ils sont solidaires du passé et
de l'avenir ; leurs rapports se perpétuant
dans le monde spirituel et dans le monde
corporel, la fraternité a pour base les lois
mêmes de la nature ; le bien a un but, le mal
a ses conséquences inévitables.

.•.

Cette admirable doctrine, qui apporte la
clarté où est la nuit, n'est pas de création
moderne. Ce n'est pas une vérité nouvelle ;
elle est écrite dans les annales de la pensée
humaine. Les anciens la connaissaient aussi
bien que nous : seulement elle n'était ensei-

gnée qu'avec des précautions mystérieuses
qui la rendaient inaccessible au vulgaire,
laissé à dessein dans le bourbier de la
superstition.

L'ignorance vulgaire dénatura cette notion
primitive de la réincarnation des âmes,
comme elle avait dénaturé les autres. Elle
l'enveloppa dans des fictions poétiques, ainsi
qu'elle l'avait fait pour l'unité divine. Mais
les hommes qui dégagèrent l'idée du DIEU
UN de la gangue mythologique dont l'imagination des peuples l'avait entourée, ne
surent pas découvrir, sous les fables de la
métempsycose, le principe puissant qui y
était renfermé.

Ce dogme n'est donc pas éclos d'hier dans
le cerveau de quelques penseurs.

Ce n'est point un rêve, une folle vision,
un songe fantastique ni une œuvre d'imagination plus ou moins ingénieusement conçue.
Tout ce que le philosophe a pensé, tout ce
que le poète et l'artiste ont entrevu ou pres-
senti sous l'impulsion de leurs aspirations
les plus hautes est une réalité. Ce dogme est
aussi ancien que la notion de l'existence de
Dieu dans la conscience humaine, aussi divin
que le sentiment de l'immortalité et de la responsabilité de notre être, sentiment qu'il
corrobore et qu'il affermit.

Cette doctrine sainte, qui fut l'âme des civi-

lisations passées et qui ne s'altéra qu'au contact des races inférieures, résout les problèmes de l'ordre psychologique, moral et philosophique, et donne à toute créature son rang
véritable ; elle est l'expression la plus belle
et la plus grandiose de l'œuvre divine. Elle
n'est pas un système élevé par la main des
hommes ; elle n'a pas été inventée par les
philosophes, ni rêvée par les songeurs ; elle
n'a pas été faite, mais elle a été trouvée, car
elle est une vérité préexistante à nous ; elle
est la Parole qui tombe du ciel étoilé pendant
la nuit obscure. Révélée à Pythagore par les
Brahmes de l'Inde et les prêtres de l'ancienne Égypte, adoptée par Platon, chantée
par Virgile, enseignée par les Druides, mise
en lumière de nos jours et répandue dans le
monde entier par des hommes initiés aux
opérations de la nature, qui ont eu des preuves matérielles de la survivance de l'âme,
cette croyance renaît parmi nous, dégagée
de tout système, purifiée de toute erreur,
épurée, complète, large, consolante, rationnelle, expliquant l'homme et justifiant Dieu.

Elle confirme, explique et développe tout
ce qui a été dit dans les textes sacrés de toutes les religions depuis Confucius et Boudha
jusqu'au Christianisme ; elle porte la lumière
dans les points obscurs de leurs enseignements. Elle tient à la fois de la révélation

divine et de la révélation scientifique. Elle
n'a point été dictée de toutes pièces, ni impo-
sée à la croyance aveugle; elle est déduite
par le travail de l'homme, de l'observation
des faits.

C'est la seule parole vraie qui ait été dite
aux hommes sur leur misère; elle est vraie
parce que la raison qui ne l'a pas trouvée,
qui se sentait incapable de la formuler d'elle-
même, dès qu'elle lui a été dite, l'a reconnue
de suite, pleine d'un enseignement complet,
cohérent et répondant à tout, possédant la
raison de tout ce qui nous trouble, nous
inquiète et nous déconcerte; dans les vicissitudes de la vie privée comme dans le spectacle de la vie sociale.

C'est la conception exacte du monde, s'appuyant sur l'étude de la nature et de la conscience, sur l'observation des faits à la fois
physiologiques et psychologiques, sur les
principes de la raison. Elle fait connaître à
l'homme sa double nature corporelle et spirituelle, le rôle qu'il joue sur la terre, sa
vraie origine, sa véritable destinée. Elle lui
apprend qu'il est le point d'intersection, l'anneau commun des deux chaînes d'êtres qui
embrassent la création, de la série des êtres
matériels et de la série des êtres incorporels;
la première partant de la pierre pour arriver
à l'homme, la seconde partant de l'homme

pour finir à Dieu. Elle lui enseigne que la mort n'est pas la nuit mais la lumière, qu'elle n'est pas le néant mais l'éternité, que rien ne périt, que la vie change simplement de forme, que la tombe nous ramène au berceau.

A l'idée vague de la vie future, elle ajoute la révélation du monde invisible qui nous entoure; elle définit les liens qui unissent l'âme et le corps et lève le voile qui cachait aux hommes les mystères de la naissance et de la mort. Par elle l'homme sait d'où il vient, où il va, pourquoi il est sur la terre, pourquoi il y souffre temporairement.

Il sait que l'âme progresse sans cesse à travers une série d'existences successives, jusqu'à ce qu'elle ait atteint le degré de perfection qui peut la rapprocher de Dieu. Il sait que toutes les âmes, ayant un même point de départ, sont créées égales ; que toutes sont de même essence et qu'il n'y a entre elles que la différence du progrès accompli ; que toutes ont la même destinée et atteindront le même but plus ou moins promptement. Il sait qu'il n'y a point de créatures déshéritées ni plus fortunées les unes que les autres ; qu'il n'y a point d'êtres perpétuellement voués au mal et à la souffrance.

Par elle l'homme comprend la solidarité qui relie les vivants et les morts de ce monde avec ceux des autres mondes.

Il sait que le bonheur ou le malheur est inhérent au degré de perfection et d'imperfection ; que nous ne sommes pas ici-bas pour jouir et nous endormir dans la quiétude, mais pour lutter, travailler, combattre ; que l'homme est la seule et unique cause de ses maux ; que la misère et la ruine sont l'œuvre de ceux-là mêmes qui en sont frappés, une condition que leur état d'âme a rendue nécessaire ; que l'homme qui travaille sérieusement à sa propre amélioration assure son bonheur dès cette vie, qu'il s'exempte des misères matérielles et morales qui sont les conséquences de ses imperfections ; que l'orgueil est une imbécillité, l'irrespect de soi, une défaillance ; que tous les raffinements du monde, toutes les productions de l'esprit scientifique, ne valent pas un bon sentiment, que la science par excellence consiste à devenir meilleur et que la base de toute chose humaine est la bonté. Elle lui apprend à n'attacher aux choses de ce monde qu'une importance relative, et par là, lui donne la force et le courage pour supporter patiemment les vicissitudes de la vie terrestre. Elle lui montre que le désespoir est la plus grande de ses erreurs ; et que ce n'est pas à l'aide de quelques formules, en paroles ou en action, qu'il améliorera sa position future, mais par une réforme sérieuse et radicale de ses imperfections, en se modifiant, en se dépouillant de ses mauvaises passions.

Cette douce et sereine philosophie, qui présente à l'être humain arrivé au déclin de la vie de si grands motifs de consolation et d'espoir en lui ouvrant sur l'avenir des aperçus qui lui font oublier les amertumes et les déceptions du présent, changerait la face du monde si les peuples étaient mûrs pour la comprendre.

Si ces idées, ces lumières, pouvaient pénétrer dans les masses, l'humanité comprendrait pourquoi tous les hommes sont frères ; elle comprendrait qu'ils ne peuvent devenir plus heureux qu'en devenant meilleurs, en substituant à l'égoïsme les sentiments de fraternité et de solidarité ; que le véritable bonheur ne peut résulter que des efforts combinés de chacun dans l'intérêt de tous ; qu'on doit placer le bonheur non dans la satisfaction de l'orgueil ou de la sensualité, mais dans les satisfactions morales et intellectuelles. Mais le sens moral n'est pas encore épanoui dans la conscience collective et le sens religieux ne l'est pas davantage.

Cette humanité étrange et faible se trace continuellement les mêmes pages de son histoire. C'est avec une étonnante lenteur que les vérités évoluent à travers toutes les circonvolutions de l'obscure cervelle des hommes Les préjugés de routine, l'intérêt matériel, l'égoïsme, l'aveuglement du fanatisme, les passions orgueilleuses sont autant d'obstacles qui barrent le chemin de quiconque travaille au progrès de l'humanité.

La vie présente est pour l'homme l'unique objet de ses préoccupations ; il y rapporte tout. Les petites affaires de sa vie ordinaire, de son existence vulgaire, occupent tout son champ visuel et l'empêchent de voir les grandes choses qui sont au delà. Ne se préoccupant que de soucis imaginaires, les hommes s'essoufflent en de stériles agitations et s'en vont courant sans cesse à la poursuite de l'on ne sait quels mirages.

Longtemps encore les religions imposeront à leurs fidèles ignorants des dogmes mystérieux et invraisemblables. Longtemps encore les sociétés humaines, absorbées par les questions politiques, par les entreprises industrielles et financières, par l'esprit de négoce, par cette fièvre du gain qui ronge la société moderne jusqu'à la moelle, sacrifieront leurs intérêts moraux au bien-être matériel immédiat et sans au-delà. Longtemps encore le progrès consistera dans l'art d'accroître incessamment la somme des jouissances physiques et l'on réduira la destinée humaine à une question de pâture. Longtemps encore l'homme jugera les choses au point de vue

de sa personnalité, des intérêts factices et
de convention qu'il s'est créés, au point de
vue mesquin et rétréci des intérêts de sectes
et de castes.

Mais devant l'infini et la grandeur de la
vie d'outre-tombe, la vie terrestre s'efface
comme la seconde devant les siècles, comme
le grain de sable devant la montagne. L'univers est un infini. Notre existence terrestre
n'est qu'une phase dans l'infini. Le temps
présent n'est qu'un point dans l'histoire des
générations, une étape dans le pèlerinage
humain, dans le grand voyage de l'humanité
sur la route merveilleuse que les mondes
déroulent sous ses pas.

.·.

L'état du monde terrestre est incomplet ;
son humanité est pleine de limites, de faiblesses, de misères. L'homme est un être
inférieur, car à des instincts grossiers, il
joint des passions dont la tendance manifeste le pousse vers le mal. Le sens moral
n'existe qu'à l'état de germe chez la plupart des hommes. Tout leur manque encore :
probité inébranlable, sagesse, douceur, justice ; tout n'est qu'apparence chez l'homme ;
le masque tombe à la plus petite occasion.
L'instinct brutal ou cauteleux le domine et

l'étouffe. Le progrès social a policé la force
et la ruse ; mais ces deux ressorts de l'animalité régissent encore nos relations.

Le monde marche, dit-on. Il marche, en
effet, mais où va-t-il ? On a émis l'idée que
notre humanité grandissant et se perfection-
nant sans cesse, un jour viendra où l'homme,
arrivé à l'apogée de sa grandeur, coulera
ici-bas dans la paix des jours heureux et
pleins de gloire ; que des inventions prodi-
gieuses changeront les conditions de la vie
humaine ; que d'heureuses institutions feront
régner partout en ce monde l'abondance et
la justice; que la sympathie entre les hommes, s'étendant de plus en plus, deviendra
tellement générale que tous les membres de
l'humanité se sentiront solidaires entre eux
et n'agiront que pour contribuer au bonheur de tous ; que la justice présidera aux
relations sociales, qu'il n'y aura plus ni
exploiteurs ni exploités ; que tous les membres de la famille humaine seront bons et
justes et se reconnaîtront comme frères ;
que l'humanité ne fera plus qu'une même
famille agrandie où tous se partageront en
frères le pain matériel, où, sans distinction
de caste ni de couleur, on traitera avec les
mêmes égards les plus humbles ouvriers et
les princes, où tous les hommes n'auront
plus qu'une seule et même religion univer-

selle, une même patrie, un même langage ; enfin que dans une ère féconde et prospère, couronnement du progrès, il y aura du bonheur à vivre.

Une philosophie nouvelle est venue qui se flatte même de supprimer les problèmes métaphysiques et prophétise le jour prochain où l'esprit humain, élevé à sa perfection par les sciences positives, cessera de s'inquiéter de son origine et de sa destinée : jour heureux, jour de gloire et d'allégresse qui ouvrira aux hommes une ère d'harmonie et de paix.

Il faut, sans pitié, couper les ailes à ces rêves fous, à ces espérances illusoires, chimériques, et froidement considérer les choses en dehors de cette vie. Au lieu de se croire le pivot autour duquel tout doit tourner, nous devons prendre une place modeste et ne pas demander à la destinée humaine des faveurs qu'elle ne peut nous donner.

L'idée trop haute que nous avons de notre monde, notre incommensurable orgueil, notre soif de bonheur, tout nous porte à réclamer du sort des faveurs hors de proportion avec notre état moral et physique. La terre ne peut répondre à notre folle attente. Nos souhaits ne se réaliseront que dans l'un de ces mondes qui roulent sur nos têtes.

Il faut nous pénétrer de cette vérité primordiale que ce monde qui est sous nos

yeux, où nous passons quelques années de
notre vie terrestre, n'est qu'une partie infinitésimale de l'ensemble des choses. Il n'est
qu'un faible point dans le monde universel.
Il est comme un petit îlot, une pointe de
roche émergeant à la surface de l'océan
immense de la création visible et invisible.
Si on le considère isolément en lui-même et
sans en sortir, on n'y trouve que des questions posées et laissées sans réponse, que contradictions, désordre et injustice.

Pour toucher le positif et le solide, pour
atteindre l'Être, pour saisir la raison de l'accident qui nous choque, il faut le replacer
dans l'ensemble permanent et stable qui en
est le support, il faut réintégrer le fragment
dans le tout auquel il appartient et avec lequel
il fait corps. Tout ce qui est nécessaire *Est* ;
tout désordre n'est que dans l'apparence et
l'ordre est la loi universelle du monde social
aussi bien que du monde physique.

L'œuvre de toute la vie de l'homme se
résume dans un travail constant d'épuration
et de perfectionnement qu'il accomplit sur
lui-même et dont le terme est placé trop haut
pour être jamais atteint ici-bas.

L'erreur et le mal sont des choses toujours
passagères, relatives, destinées à disparaître successivement; mais justement parce
que la création est éternelle et qu'elle va

toujours s'élevant du moindre être au mieux et au plus grand et de degré en degré jusqu'à l'être parfait, il y aura toujours des maux quelque part dans le monde et toujours des erreurs qui s'y produiront. Le mal est la souffrance de l'avancement vers un état meilleur. La véritable origine du mal, c'est notre condition de créature ; plus celle-ci est voisine de l'animalité, est inférieure dans l'ordre de l'évolution et plus la matière domine l'esprit.

Il faut envisager nettement la condition humaine et reconnaître que les biens et les maux se succèderont toujours ici-bas comme le beau et le mauvais temps, sans que rien puisse nous assurer des uns ni nous garantir des autres.

L'utopie est la grande ennemie du progrès. Elle procède de l'inexpérience et de la présomption, ignorance de l'histoire et des lois nécessaires qui gouvernent les rapports des peuples, des groupes sociaux et des hommes entre eux ; infatuation d'esprits étroits et courts qu'emportent une imagination déréglée et un orgueil impatient de tout frein.

Ceux qui tentent d'aplanir tout ce qui fait saillie afin d'équilibrer l'assise sociale, et qui prêchent aux miséreux que le monde actuel est un enfer dont ils feront un paradis, se trompent. On pourra diminuer la misère, on ne pourra la supprimer. Pour abolir la misère, il faudrait, au préalable, abolir la mort, la maladie, l'enfance, la vieillesse, l'imprévoyance, la paresse, la spéculation, la rapine, l'usure et tous les vices. Il faudrait créer une humanité nouvelle. On réduira, on assainira l'ulcère que l'humanité porte à son flanc, on en atténuera la malignité, on ne le fermera pas. La plaie est congénitale et constitutionnelle.

Il est faux que l'égalité soit une loi de la nature, c'est le contraire qui est vrai. L'égalité des richesses est impossible. La diversité des facultés et des caractères s'y oppose (sans parler de la ruse et du vol). Ceux qui pensent que là est le remède aux maux de la société sont des systématiques qui prennent leurs idées pour la vérité. L'égalité qu'ils rêvent serait bientôt rompue par la force des choses. L'égalité des richesses ne pourrait d'ailleurs tarir toutes les larmes ni panser toutes les plaies. Le vrai bonheur ne saurait se faire de la seule satisfaction des besoins matériels, le contentement moral peut seul donner le goût qu'il faut au pain qu'on mange.

On ne pourra jamais niveler les intelligences, les facultés, les tendances. Les inégalités, les divergences de force et de savoir, de mœurs et d'aptitudes qu'on rencontre partout sur la terre sont nécessaires. Il faut des hommes à tous les degrés intellectuels et moraux ; si tous se ressemblaient il n'y aurait ni mérite, ni démérite, ni émulation, ni vie et le monde s'engourdirait dans l'inaction. C'est la diversité des goûts et des idées qui engendre le travail et la lutte nécessaires au progrès qui est notre seule raison d'être ici-bas.

Comment voudrait-on que des hommes qui ont nécessairement entre eux des vues, des idées, des sentiments, des passions différentes, puissent s'entendre pour produire l'unité dans la morale, dans la sagesse, dans la perfection. Comment voudrait-on que ces hommes, dépouillant leurs pensées, leurs croyances, leurs préjugés, puissent établir un code moral sans tache et non revisable ?

La société humaine ne peut se concevoir sans une hiérarchie, c'est-à-dire sans une subordination de ses membres les uns envers les autres, sans une variété infinie d'aptitudes, de goûts et de tendances répartis entre tous ses membres et sans la liberté pour ceux ci de se développer chacun selon la tournure de son génie particulier. Un mécanisme susceptible de fonctionner doit se composer de pièces, de ressorts et de rouages différents occupant, chacun par rapport à l'autre, une place déterminée et ayant une destination spéciale. Mais comment fera-t-on librement accepter à chacun les différentes conditions de rangs, de classes, de fortunes, tous exigeant une bonne place au banquet de cette vie terrestre crue généralement être la seule et unique ?...

Pour que l'homme voie diminuer ses ennuis moraux, ses souffrances physiques, il faut qu'il progresse. Pour que l'homme progresse, il faut qu'il regarde en haut. Tout ce qui le rapproche de la matière et de l'animalité l'entrave et l'immobilise. Il faut que l'homme croie fermement en Dieu et à l'immortalité de l'âme, au prolongement de la vie. Les enseignements moraux de la philosophie sont insuffisants, car chaque homme jusque dans les bas-fonds, ne peut devenir un philosophe.

Le sentiment religieux est l'élément primordial de toute civilisation, de tout progrès. Toute science humaine en soi, si vaste qu'on la possède, si nécessaire qu'elle apparaisse, ne suppléera jamais la croyance primodiale qui constitue le sentiment religieux. Il ne faut pas lui attribuer comme effet social, comme puissance de pénétration dans les âmes, comme action directrice sur les volontés, l'efficacité du dogme, non pas de tel ou tel dogme positif, mais la croyance générale à un monde surnaturel, la croyance qu'il existe dans l'univers autre chose que ce que nous voyons, qu'il y a des âmes, un Esprit, cachés et révélés par tous les objets avec lesquels nous sommes en rapport, que tout ce qui est vient de quelque chose et va à quelque chose, que rien ne se perd, que tous les·actes, de quelque nature qu'ils soient, sont suivis de leurs conséquences.

La rêverie, le doute et ses angoisses peuvent être des sources d'émotions littéraires, ce ne seront jamais des éléments d'activité sociale, au contraire ; l'homme qui a une croyance 'et qui s'y appuie, plus que tout autre est apte à affronter avec vaillance le combat de la vie. Les fortes croyances font les hommes d'action. Les biens et les maux de ce monde, la famille avec ses joies et ses devoirs, le succès et les revers, tout a un sens pour eux : leçon, encouragement, épreuve ou récompense. L'excès même du malheur ne saurait les abattre, car leur dernière et suprême espérance étant placée hors de ce monde, ne peut leur être ravie.

Il n'est pas vrai qu'où il y a abondance de science il y a abondance de bonheur. La science aura beau progresser, on n'arrivera jamais à supprimer les maux dont l'humanité souffre : maladies chroniques, vieillesse, misère et mécontentement. Les progrès scientifiques ne contribuent que peu ou même pas du tout au bonheur du monde.

Avec le développement progressif de l'hu-

manité il se produit non seulement un
accroissement de richesses et de besoins,
mais aussi celui de la sensibilité du système
nerveux et de la culture de l'esprit. Par conséquent il se manifeste aussi un excédent de
la douleur ressentie par rapport au plaisir
éprouvé et la démolition de l'illusion, c'est-
à-dire la conscience de la misère de la vie,
de la vanité de la plupart des plaisirs.

La civilisation ne consiste pas seulement
dans des connaissances scientifiques plus élevées, dans le développement du bien-être
matériel, dans la multiplication des besoins
factices et l'excitation des convoitises; la
véritable civilisation est dans le progrès
moral. Une époque n'est pas nécessairement
en progrès sur une autre par le seul fait que
l'une vient après l'autre dans la suite des
temps. Des sociétés sont mortes qui avaient
été très civilisées et qui, pour s'être attachées
à un idéal faux et insuffisant, sont tombées
en décadence et se sont lamentablement
acheminées vers la dissolution. L'histoire
nous a fourni assez d'exemples de peuples
qu'une rénovation politique et sociale n'a pas
suffi à arrêter sur la pente fatale, parce qu'ils
n'avaient pas été chercher le remède là où
seulement il se trouve. Un peuple ne vit pas
seulement de bien-être, de savoir et d'orgueil,
et quand l'idéal n'est plus, l'être tombe.

Il est de science certaine que chacun de nous, dans son existence qu'il croit initiale et qui n'est qu'une vie future par rapport à celle antérieure, expie par la souffrance et la misère non seulement ses fautes actuelles mais les fautes de son passé qu'il n'a point réparées, en sorte que, si malheureux qu'il soit, nul n'est fondé à se plaindre que de lui-même ; mais la loi de solidarité, notre devoir strict comme notre propre intérêt nous commande de nous entr'aider, de nous secourir sans craindre de contrarier ou d'entraver la justice divine ; car les secours que nous donnons à ceux qui souffrent rentrent dans les conditions tant de leur destinée que de la nôtre. La charité est une obligation étroite, un précepte rigoureux qui ne souffre aucune excuse. Toute amélioration qu'un homme apporte au sort de ses semblables a pour résultat nécessaire de le délivrer du genre de misère soulagé et supprimé.

Tout ce qu'on fera pour faire régner la justice sociale sur la terre ne sera que des expédients. La force ne supplée jamais que pour un temps au libre concours des volontés. Rien de durable et de progressif ne peut prendre sa base en dehors de la conscience humaine.

Ce n'est ni avec les décrets ni avec les lois somptuaires qu'on remédiera au mal ;

les lois peuvent momentanément changer l'extérieur, mais elles ne peuvent changer le cœur ; c'est pourquoi elles n'ont qu'une durée temporaire, et sont toujours suivies d'une réaction plus effrénée. La source du mal est dans l'égoïsme et l'orgueil.

Ce n'est qu'à force de concessions et de sacrifices mutuels qu'on pourra maintenir l'harmonie entre des éléments aussi divers.

Ce n'est que par la fraternité des cœurs, par l'union des âmes, par la charité, par le renoncement, par le renoncement du pauvre à l'envie et aux convoitises, par le renoncement du riche à l'enivrement des fêtes, à la quiétude de son opulence, au charme de ses désirs toujours satisfaits que se trouvera rétabli l'équilibre entre les conditions des hommes si disparates à première vue.

Moins d'ambition et de cupidité d'un côté, plus de courage et de résignation de l'autre vaudraient mieux que toutes les panacées que l'on imagine. La pratique du renoncement, c'est-à-dire la résignation du pauvre et l'humilité du riche assurerait la paix sociale, chacun faisant la moitié du chemin sur le terrain de la réconciliation.

Mais le plus grand obstacle qui s'oppose à la réalisation des aspirations des sociétés est en elles-mêmes : elles ne sont pas assez

parfaites. L'égoïsme est la pierre d'achoppe-
ment de leurs revendications, leur mal héréditaire; c'est une imperfection que l'homme
apporte du règne animal et le plus grand
fléau de l'humanité.

En imaginant même que toute la perfectibilité dont notre race est susceptible se réa-
lisât un jour, nous ne pourrons changer les
conditions fondamentales de notre espèce,
conditions intimement liées à notre séjour
terrestre, et nous ne pourrons faire que ce
séjour ne porte en soi l'ineffaçable sceau de
son infériorité.

Jamais le mal ne disparaîtra de la surface
de la terre. Les maux qui affligent l'homme
dérivent de l'usage qu'il fait de sa liberté. Or
comme la liberté morale de l'homme est
indestructible, il faudrait, pour faire disparaître toute misère et toute souffrance de la
surface du globe, que le bien et le mal, l'activité et la paresse, l'incurie et la prudence,
l'égoïsme et le dévouement, produisent exactement les mêmes résultats.

Jamais sur cette terre, région d'en bas, la
raison ne triomphera de l'ambition, de la
folie; jamais la charité ne vaincra complètement l'égoïsme, l'amour de l'argent, l'avi-
dité, la vénalité. Les institutions pourront
changer de forme, elles ne nous délivreront
pas des maux inhérents à notre nature arrié-

rée, et les systèmes pourront succéder aux
systèmes, les siècles à venir remplacer les
siècles passés, tant que l'homme ne sera pas
meilleur, il y aura des malheureux.

Quelles que soient les conquêtes qu'il
puisse accomplir ici-bas, il y a deux choses
qui resteront immuables dans l'homme terrestre : les conditions organiques de son
existence et ses facultés de connaître comme
être intelligent. Notre constitution physique
et intellectuelle est hors de notre puissance :
nous pouvons nous en servir, non la changer ou la modifier.

Le développement des arts et des sciences
dans l'humanité suit à mesure qu'elle avance
en âge une progre ion naturelle, mais au
contraire la notion de perfectibilité ne saurait embrasser la nature même de l'homme
dans ce qu'elle a d'essentiel. Nos facultés et
nos aptitudes sont restées les mêmes à travers tous les siècles. Nous n'en avons pas
acquis une de plus et il est hors de doute que
leur vigueur et leurs qualités spécifiques ne
se sont pas accrues.

Nous devons subir les conditions d'habitabilité de notre globe. Notre organisme est
lié à l'organisme fondamental de l'animalité.
Nous sommes en harmonie avec le milieu où
nous vivons. Chaque âme humaine est une
idée de la terre.

Les vices de notre humanité ont leur origine dans l'organisation même de notre monde ; la nature humaine est solidairement rattachée à la nature terrestre et rien ne pourra faire que la terre ne soit toujours la terre. Nous n'arriverons jamais ici à cette ère idéale de paix et d'heureuse tranquillité que nous aimons à contempler dans nos rêves. Il faut que la loi du travail soit en vigueur sur la terre ; sans elle, l'inactivité du loisir, loin de favoriser nos progrès, nous laisserait dépérir et tomber dans la perdition. Le travail est la condition de notre développement et de notre prospérité, et si les forces de notre âme n'étaient pas physiquement contraintes d'être sans cesse en action, elles s'engourdiraient et resteraient stériles.

Quelle que soit la perfectibilité possible de notre race et quel que soit le degré de civilisation que nous puissions atteindre, nous n'arriverons jamais à transformer les conditions vitales de notre globe ; nous n'arriverons jamais à substituer à notre nature, une nature moins grossière et une organisation plus subtile ; nous n'arriverons jamais à nous dépouiller de notre insupportable orgueil et nos mauvais instincts, à nous défaire des chaînes qui nous attachent lourdement à la matière.

L'humanité grandit, mais quelque ferventes

que soient nos aspirations, quelque chères que soient nos espérances, l'histoire de cette humanité même nous enseigne que chez les peuples comme chez les individus, il y a la jeunesse, la virilité et la décadence. De même que tout individu, l'humanité a devant elle les limites de sa perfectibilité, limites qu'elle ne saurait franchir et qui marqueront, lorsqu'elles seront atteintes, la première période de la décadence. Si nos facultés et nos forces sur la terre semblent illimitées, il n'en est pas de même des éléments de notre perfectibilité, ils sont circonscrits; quand la combustion est achevée, l'extinction de la flamme est proche.

Dans un certain nombre de siècles, ces capitales du monde où nous brillons aujourd'hui dans toute l'activité de notre travail; ces réservoirs de toutes les productions scientifiques, littéraires, artistiques, où s'élaborent les conquêtes du génie humain, ces cités ruisselantes de marbres et d'or, toutes ces somptuosités extravagantes, toutes ces richesses, ces splendeurs amassées au prix d'efforts mal dirigés seront évanouies.

La civilisation aura élu une nouvelle patrie. C'est la loi commune à toutes les forces qui manifestent la vie : les sociétés naissent et vieillissent ; les races déclinent et s'effacent ; les peuples meurent pour se transformer ; mais la vitalité des mondes qui périssent passe dans les mondes qui leur succèdent.

Un siècle viendra où la terre elle même n'existera plus; le cycle humain sera défini-tivement accompli sur notre globe usé et, sur le lugubre catafalque de glace qui le recouvrira, paraîtra un jour le pâle et der-nier rayon de notre soleil éteint.

Aussi bien elle recèle aujourd'hui dans son sein les éléments et les dates de ses ori-gines, aussi bien elle contient les germes de sa décadence et de sa fin. Les mêmes lois qui l'ont élevée au-dessus du chaos, les mêmes forces qui l'ont gouvernée présideront à la désagrégation de ses éléments constitutifs qui retourneront à la masse commune de l'éther pour l'assimiler à d'autres corps.

Mais dans la vie d'un Esprit, ou pour par-ler plus exactement, dans une phase de la vie d'un Esprit, un monde comme la terre peut naître, vivre et mourir, et son histoire entière s'accomplir, son humanité apparaître, se civiliser, progresser, arriver à son apogée et disparaître, tandis que chacun des Esprits qui l'auront habité sera demeuré vivant en se réincarnant plusieurs fois sur cette même planète, en passant d'une planète à une autre, ou en séjournant dans l'espace sans vieillir.

D'autres mondes habités en nombre incalculable planent dans l'étendue, ouvrant aux ailes de l'âme un champ inépuisable et l'infini de l'univers correspond, dans la création matérielle, à l'éternité de nos intelligences dans la création spirituelle.

« Naître, mourir renaître et progresser sans cesse, telle est ia Loi. »

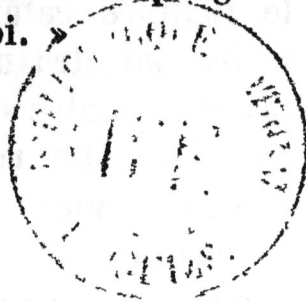

Mayenne, Imprimerie Ch. COLIN.

www.ingramcontent.com/pod-product-compliance
Lightning Source LLC
Chambersburg PA
CBHW072043080426
42733CB00010B/1969